두려움 없는 조직

# 두려움 없는 조직

## The Fearless Organization

심리적 안정감은
어떻게 조직의
학습, 혁신, 성장을 일으키는가

•

**에이미 에드먼슨** 지음 | 최윤영 옮김

호기심과 열정으로 연구에 매진하는 과학자이자
두려움이 성공의 적이라는 걸 누구보다 잘 아는
사랑하는 남편 조지에게 이 책을 바칩니다.

"오늘날 조직의 역량을 결정하는 핵심 요인은 훌륭한 인재다. 그러나 능력 있는 인재를 영입한다고 조직의 성과가 폭발적으로 늘어나는 것은 아니다. 이 책의 저자 에이미 에드먼슨이 밝힌 1등 기업의 놀라운 생산성의 비밀은 바로 '두려움 없는 조직'이다. 조직에 두려움이 사라질 때 비로소 개개인의 능력은 최대치로 치솟는다.

이 책은 에이미 에드먼슨이 하버드 경영대학원 교수로서 조직의 '심리적 안정감'을 집중적으로 탐구한 25년 연구의 결정체다. 두려움이 어떻게 창의성과 팀워크를 갉아먹는지, 또 조직의 약점이 어떻게 '심리적 안정감'으로 극복될 수 있는지, 이 모든 방법을 한 권에 담았다. 직장에서 조직을 이끌고 있는가? 그렇다면 이 책이야말로 당신이 가장 빨리 읽어야 할 최고의 리더십 지침서다."

**– 다니엘 핑크**Daniel H. Pink

『언제 할 것인가』, 『드라이브』 저자


"이 책은 한마디로 '걸작'이다! 지금 당신이 어떤 조직에서 어떤 직책을 맡고 있든, 이 책이 당신의 능률과 성과를 높이는 데 도움을 줄 것이다. 저자의 메시지는 시간이 지나도 절대 변하지 않을 '조직 경영의 핵심'이다.

그가 수십 년간 연구해 결실을 맺은 '심리적 안정감'은 조직의 성과를 극대화하고, 위기에 처한 조직에 회복성을 불어넣는 강력한 힘이다. 책장을 덮는 순간, 당신은 비로소 '진정한 리더'가 되어 있을 것이다. 문제 제기에 대한 두려움 없이, 자신의 생각을 자유롭게 발언하는 조직은 오직 당신 손에 달려 있다."

**– 로버트 서튼**Robert Sutton

스탠퍼드대학교 교수, 『참아주는 건 그만하겠습니다』 저자

"최고의 성과를 거두는 팀은 무엇이 다른가? 저자는 이에 대한 해답을 구글보다 먼저 발견해냈다. 성과가 높은 팀은 각 팀원이 위험을 감수하고서라도 거리낌 없이 문제를 제기한다. 그리고 기탄없이 대화를 이어나간다. 저자가 칭한 바로 이 '심리적 안정감'이 조직을 더 자유롭게 하고 살아 움직이게 하는 원동력인 셈이다. 이 책은 지속적인 혁신과 성장을 도모하는 전 세계 모든 조직과 리더에게 훌륭한 지침서가 되어줄 것이다."

— **리타 맥그레이스**<sup>Rita McGrath</sup>

컬럼비아대학교 교수, 『어떻게 차별화할 것인가』 저자

"심리적 안정감은 세계 유수의 MBA와 글로벌 기업, 실리콘밸리를 막론하고 꽤 오래전부터 강조돼온 개념이다. 하지만 '어떻게 이를 실현할 것인가?'라고 묻는다면 대부분 고개를 갸웃거릴 뿐이었다. 이 책은 그동안 답답했던 지점들에 명확하고 구체적인 해결책을 내놓는다. 여기서 가장 중요한 점은 '학습'만이 전진하는 조직을 만든다는 사실이다. 오늘날 조직의 형태가 점차 복잡해지고 개개인의 개성이 강하게 나타나는 기업 경영 환경에서 심리적 안정감은 필수 중의 필수다. 단언컨대 분야를 막론하고 모든 조직이 반드시 실현시켜야 할 과제라 해도 과언이 아니다. 이 책이 제시하는 사례를 살펴보면 내 말이 어떤 의미인지 금세 알게 될 것이다."

— **에드거 샤인**Edgar H. Schein

MIT 슬론 경영대학원 명예교수, 『헬핑』 저자

"이 책이 전하는 바는 아주 간단명료하다. 오늘날 리더는 구성원 끼리 자유롭게 의견을 나누고, 실수를 통해 학습하는 조직을 만 들어야 한다. 긴말할 필요 없다. 지금 당장 '두려움 없는 조직'을 만들라! 그리고 난 뒤 어떤 일이 벌어지는지 지켜보라. 조직의 성과가 좋아지는 것은 물론이고, 가장 강력한 경쟁우위를 차지 할 수 있을 것이다."

— **밥 채프먼**Bob Chapman

베리웨밀러Barry-Wehmiller CEO

한국에서 『두려움 없는 조직』을 출간하게 되어 매우 기쁘게 생각합니다.

한국은 세계적으로도 손꼽힐 만큼 놀라운 속도로 경제적 성장을 이루어낸 나라입니다. 하지만 비슷한 진통을 겪은 대부분의 나라가 그러하듯 오늘날까지도 한국의 많은 조직에는 강한 위계질서가 뿌리내리고 있습니다. 저는 2007년 한국을 방문해 일주일 동안 삼성그룹의 핵심 인사들을 대상으로 위기관리와 리더십에 대해 강연했습니다. 또한 최근까지도 한국의 여러 언론과 인터뷰하며 '두려움 없는 조직'에 대해 설파했습니다. 그러한 과정을 통해 한국에서는 상명하복식 기업문화로 인해 직원들이 자기 의견을 표출하기가 쉽지 않다고 들었습니다. 이러한 기업 환경에서는 제가 강조해 마지않는 '심리적 안정감'이 다소 생소하게 느껴질 수 있습니다.

지난 산업화 시대에 성공을 견인한 관료제는 이제 더 이상 효과적인 성장 동력으로 기능할 수 없습니다. 지식 경제 시대에서는 '민첩성'과 '혁신'만이 기업을 성공 가도에 올리고 지속적으로 성장시킬 수 있습니다. 저는 조직에 존재하는 위계질서나 직급 문화를 완전히 깨부수자고 말하려는 게 아닙니다. '이와 같은 위계질서를 리더가 어떻게 다룰 것인가?'에 집중하고자 합니다. 이 책을 읽으면 여러분도 제가 말하려는 바를 쉽게 이해할 수 있을 것입니다.

저는 하버드 경영대학원에서 25년간 조직의 '심리적 안정감'을 연구했습니다. 작은 공장부터 거대한 글로벌 기업에 이르기까지 숱한 조직을 연구하면서, '리더가 직원들과 어떻게 소통하느냐'에 따라 비슷한 위계질서가 존재하는 조직에서도 심리적 안정감의 정도가 판이하다는 결과를 숱하게 목격했습니다. 제아무리 위계질서가 강한 환경에서도 장기적으로 가치를 창출하고 직원들의 업무 결과를 지속적으로 살피는 현명한 리더는 겸손과 호기심으로 목표 달성에 기여한 직원들의 노고를 충분히 인정해주었습니다. 그리고 이는 결과적으로 조직에 심리적 안정감을 불어넣으며 혁신을 위한 발판이 되어주었습니다.

한국은 미국이나 유럽 국가들보다 이 같은 결과를 만들어내기가 어려울 수 있습니다. 그러나 각각의 리더가 효과적으로 소통하는 자신의 본질적인 역할에 집중한다면, 당신의 기업도 글로벌 경쟁 기업보다 훨씬 더 뛰어난 경쟁우위를 점하게 되리라 확신합니다. 아무쪼록 이 책이 혁신하기 위해 분투하는 모든 조직의 리더에게 길잡이가 되기를 바랍니다. 건투를 빕니다!

2019년 10월
미국 매사추세츠주 케임브리지에서
에이미 에드먼슨

# 역동적인 조직 문화를 꿈꾸는 모든 리더에게

문화<sup>Culture</sup>란 '사람들이 살아가는 방식'이라고 정의 내릴 수 있다. 문화가 다르다고 하는 것은 곧 사람들이 살아가는 방식이 다르다는 것을 의미한다. 그렇다면 조직 문화는 어떻게 정의할 수 있을까? 조직을 '공동의 목표를 달성하기 위해 함께 일하는 곳'이라고 전제한다면, 조직 문화는 일하는 방식으로 정의할 수 있다. 조직 문화를 변혁하자는 것은 다른 말로 일하는 방식을 변혁하자는 것과 같은 의미다.

　최근에 기업들이 처해 있는 복잡하고 불확실한 생태계 속에서 구성원들이 지속적으로 새로운 도전을 하고 실패를 통해 빠르게 학습하는 문화를 조성하는 것은 이제 생존을 위한 글로벌 기업의 필수 과제가 되었다. 기존에 한국의 경제 성장을 이끌었던 위계적·관료적인 조직 문화와, 그 기반에서 성장한 리더들의 성공 체험들이 새로운 변화의 시대에 커다란 걸림돌이 되고 있다. 글로벌 컨설팅사인 딜로이트Deloitte의 연구 결과에 따르면, '회사에 부정적인 영향을 끼칠 수 있는 문제나 관행들에 대해서 침묵한다'고 답변한 직장인이 70퍼센트 정도였다. 구성원들이 문제를 제기하지 않고 침묵하는 이유는 조직에 만연한 '근거 없는 두려움Unfounded Fear' 때문으로, 이러한 두려움은 구성원들이 가지고 있는 역량을 최대한 발휘할 수 없게 하며 조직에 생산적인 소통을 가로막는 걸림돌로 작용하고 있다.

이 책『두려움 없는 조직』은 조직에 심리적 안정감을 어떻게 배양할 것인가에 대한 구체적인 실행 방안들을 다루고 있다. 심리적 안정감이란 상호 신뢰와 존중이 가능한 조직 문화의 핵심 동인으로, 동료들에게 본인이 가지고 있는 원래의 모습을 솔직하게 보여줘도 편안함을 느낄 수 있는 상태를 의미한다. 실수를 하거나 질문을 할 때, 소수 의견을 냈을 때도 구성원이 심리적으로 편안함을 느낄 수 있는 문화가 정착되어야 조직이 성장할 수 있다. 심리적 안정감이 없는 조직에서는 현상을 유지하는 데 머물거나, 리더의 과거 경험에 의한 편향된 의사결정을 하거나, 다양한 의견과 창의적인 아이디어를 반영하기가 어렵다.

심리적 안정감이 높은 조직은 어떤 모습일까? 가장 큰 특징

중 하나는 'Speak-Up'이 자유롭다는 것이다. 'Speak-Up'이란 구성원들이 솔직하게 자신의 의견을 개진하는 것으로 두 가지 종류로 구분할 수 있다. 첫째는 업무 관행과 프로세스 개선을 위한 창의적이고 건설적인 아이디어를 제안Bubble up Suggestion하는 것이고, 둘째는 조직에 부정적인 영향을 끼칠 수 있는 관행, 사건, 행동에 대해 직급 구분 없이 자신의 소신을 말할 수 있는 것이다. 세계적인 컨설팅사 맥킨지McKinsey에서는 '반대할 수 있는 의무Obligation to Dissent'를 강조한다. 구성원이 무엇인가에 동의하지 않을 때 반대를 표현하는 것이 선택이 아닌 필수라는 의미다.

조직 문화를 구축하는 그 시작과 끝이 리더십인 것처럼, 이 책에서도 심리적 안정감을 배양하기 위해 필요한 리더십의 핵심 역량과 구체적인 리더들의 행동 준거를 독자들의 빠른 이해를 돕도록 실제 사례들과 함께 제시하고 있다. 구성원들에게 심리적 안정감을 심어주기 위한 가장 효과적인 리더십은 쉽게 다가갈 수 있는 리더Approachable Leadership가 되는 것이다. 물론 이러한 리더십의 지향점이 마음씨 좋은 아저씨가 되자는 것은 아니다. 구성원들과 솔직하고 투명하게 소통할 수 있는 기질을 갖고, 결정된 사안에 대해서는 강하게 실행할 수 있는 외유내강의 리더를 목표하자는 것이다.

많은 기업이 우수한 인재를 확보하기 위해 혈안이 되어 있다.

'인재 전쟁'이라고도 한다. 인사<sup>HR</sup>부서의 핵심 과제도 우수한 인재들을 확보하는 것이다. 그러나 기업들이 최고의 인재들을 확보하는 일까지는 성공했다고 하더라도 실제로 그러한 인재들이 조직에 잘 적응해서 최고의 성과를 내는 경우는 극히 드물다. 인재 확보의 중요성 못지않게 확보된 인재들이 새로운 조직에서 마음껏 역량을 발휘할 수 있는 문화적 토양을 구축하는 것 또한 매우 중요한 과제가 되었다. '경영학의 아버지' 피터 드러커<sup>Peter Drucker</sup>는 "문화는 전략을 아침 식사로 먹는다"라고 이야기했다. 두려움 없는 조직, 역동적인 조직을 만드는 일은 기업의 전략보고서 마지막 장을 예쁘게 장식하는 미사여구가 아니라 최고경영자의 최우선 전략 과제가 되어야 한다.

LG화학 조직문화개발팀

오승민 팀장

# 최강의 팀에만 존재하는
# 특별한 힘

"두려움만큼 우리에게서 생각하고 행동하는 힘을
효과적으로 빼앗아가는 감정은 없다."

– 에드먼드 버크<sup>Edmund Burke</sup>[1]

미국의 한 공장 기술자 조지<sup>George</sup>의 이야기다. 얼마 전 그에게
생산 공정의 속도를 획기적으로 높일 아주 기막힌 아이디어가
하나 떠올랐다. 하지만 그는 자신의 상사에게 그 이야기를 꺼내
놓지 못했다. 그에게 이유를 묻자 이런 답이 돌아왔다.

"대학에 다니는 아이들이 있습니다."

처음에는 동문서답같았지만 그가 전달하는 바는 명확했다.
'문제 제기로 인한 위험'을 감수할 수 없다는 뜻이었다. 그가 당
장 직장을 잃으면 가족의 생계부터 막막해졌다. 혹시 직장에서

문제를 제기해 해고된 동료라도 있었을까?

"아니요. 그렇게 함부로 직원을 자르는 회사가 아닙니다. 모두가 잘 알죠."

조지의 말은 진심이었다. 그 자신도 훌륭한 아이디어를 그대로 썩히는 것은 무척이나 아쉽고 불합리하다는 걸 인정했다. 하지만 그는 끝내 침묵하기로 결정했다.

오늘날 기업의 형태로 모인 조직에서 '침묵의 힘'은 압도적이다. 직장인 대다수는 '유감스러운 상황'보다 '안전한 상황'이 더 낫다는 암묵적인 논리에 젖어 있다. 이는 아주 어린 시절부터 학습해온 결과다. 인간관계가 나빠질까 봐, 문제를 제기할 자신이 없어서, 나의 안위를 보호하기 위해서 이견이 있음에도 섣불리 입을 떼지 못한다.

## 불확실한 시대를 돌파하는
## 기업의 생존 전략

산업혁명 시기에는 '표준화'가 기업의 가장 큰 성장 동력이었다. 노동자들은 거의 모든 업무에서 단하나의 가장 효과적인 작업 방식을 수행하도록 강요받았다. 하지만 오늘날의 성장 동력은 이때와 전혀 다르다. 바로 '아이디어'와 '독창성'으로 승부를 보는 시대다.[2]

지식과 혁신이 기업의 성공과 실패를 좌우할 때, 단순히 똑똑한 인재를 조직에 영입한다고 해서 리더의 역할이 끝나는 건 아니다. 그가 아무리 풍부한 지식과 넘치는 열정을 자랑한다고 해도, 매번 자신이 아는 바를 적재적소에 활용하기란 쉽지 않다. 때로는 너무 튀어 보일까 봐, 때로는 상사에게 반기를 드는 것처럼 비칠까 봐, 또는 무능력해 보이거나 나쁜 사람으로 오해받을까 봐 침묵하는 경우도 많다. 따라서 지식 기반 사회에서는 역량 있는 인재를 영입하는 것만큼이나 그들이 자신의 생각과 의견을 자유롭게 털어놓고 공유할 수 있도록 '심리적으로 안정된 분위기'를 조성해주는 것이 무엇보다 중요하다.

기업을 둘러싼 환경이 점점 복잡해지고 글로벌화되면서 개인이 아닌 팀 단위의 업무 비중은 앞으로 더 늘어날 전망이다. 구성원이 지위 고하를 막론하고 팀 업무에 할애하는 시간은 20년 전보다 50퍼센트 이상 늘었으며,[3] 결국 서로 얼마나 빠르고 정확하게 피드백을 주고받느냐가 조직의 운명을 결정한다고 해도 과언이 아니다. '내 말에 상대방이 어떻게 반응할까?'를 고민하기에는 우리에게 주어진 시간이 너무도 짧다. 그 시간에 우려되는 점이나 질문거리, 실수나 아이디어를 가감 없이 털어놓도록 독려하면서, 하나라도 먼저 시도해보는 쪽이 진정한 승자가 되는 길이다.

## 왜 화기애애한 팀이
## 더 자주 실수할까?

나는 지난 25년간 하버드 경영대학원에서 연구자로 지내오며 '심리적 안정감<sup>Psychological Safety</sup>'이라는 요소가 기업과 학교, 병원과 정부 기관 등 모든 조직에서 프로젝트의 성패를 좌우한다는 사실을 밝혀냈다. 사실 내가 처음부터 이 주제로 연구를 시작했던 건 아니다. 박사과정 1학년 때 최종 학위논문의 주제를 탐색하던 중 우연히 여러 병원의 의료 과실을 분석하는 대규모 연구팀에 합류했고, 그곳에서 의료진의 '팀워크'와 '의료 과실 발생률'의 상관관계를 밝히는 임무를 맡게 되었다.

연구를 시작하면서 나는 '팀워크가 좋은 팀이 상대적으로 실수도 적게 할 것'이라는 가설을 세웠다. 당연한 이치라고 생각했다. 그런데 6개월 동안 팀을 관찰하면서 데이터를 수집하고 설문 조사를 마친 결과, 뭔가 좀 이상했다. 팀워크와 실수의 상관관계가 내 예상과는 전혀 다른 방향으로 흘러간 것이다. 팀워크가 좋은 팀이 그렇지 않은 팀에 비해 오히려 더 많은 실수를 저지르는 것으로 나타났다. 더욱이 이들의 상관관계는 통계적으로도 무척 의미가 있었다. 그 순간 지도 교수님께 이 결과를 어떻게 보고해야 하나 눈앞이 깜깜해졌다. 아니, 그보다는 황당한 마음이 더 컸다.

그렇다면 정말로 팀워크가 좋은 팀이 더 많은 실수를 저지를까? 우선 환자에게 안전하고 실수 없는 의료 서비스를 제공하려면 팀원 간 원활한 의사소통이 필수다. 이건 여지가 없는 사실이다. 병원 업무의 특성상 환자의 병세에 따라 완전히 다른 서비스를 제공해야 하는데, 이때 의사와 간호사는 서로 도움을 요청하며 긴밀하게 업무를 확인해야 한다. 즉, 의료진이 제공하는 최고의 서비스는 '효율적인 팀 운영'에서 나오는 셈이다. 그런데 팀워크가 좋을 때 의료 과실이 더 많이 발생한다는 연구 결과는 앞뒤가 맞지 않았다. 혹시 이들이 팀워크만 믿고 일을 대충했던 건 아닐까?

얼마 후 바로 '이거다' 싶은 이유가 번뜩 떠올랐다. 팀워크가 좋을수록 분위기 자체가 개방적이어서 '실수를 보고하고 논의하는 일' 자체가 활발한 게 아닐까 하는 생각이었다. 즉, 다른 팀과 비슷한 빈도로 실수를 저질러도 보고하는 비율이 높기 때문에 수치상으로 나타나는 의료 과실 발생률이 덩달아 높아지는 것이다. 단순하게 비교할 수 있는 절댓값이 아니었다. 연구를 좀 더 심화시켜 근무 환경에 대한 구성원의 생각을 인터뷰해보기로 했다. 마침내 아주 의미 있는 결과가 도출되었다.

'자신이 저지른 실수를 기꺼이 보고할 수 있는가?'에 대한 생각은 팀별로 매우 다른 수준이었다. 그리고 이러한 차이는 앞서 발견한 상관관계와 정확히 일치했다. 즉, 팀워크가 좋은 팀은 의료 과실의 위험성을 거리낌 없이 토론했고, 이러한 실수를 찾아내거나 방지할 방법에 대해서도 훨씬 빈번하게 논의했다. 반면 그렇지 않은 팀은 실수를 알면서도 숨겼다. 나는 수년간 연구를 거듭하며 이러한 근무 환경의 차이가 '심리적 안정감'에서 기인한다는 사실을 더욱 확신하게 되었다.


## 강력한 팀을 만드는
## 마지막 퍼즐 한 조각

넓은 의미에서 심리적 안정감은 '조직 구성원이 자유롭게 의사소통할 수 있는 분위기'를 뜻한다. 좀 더 구체적으로는 당황스러운 상황에 직면하거나 응징당할지도 모른다는 두려움에서 벗어나, 자신의 실수와 우려를 기꺼이 이야기할 수 있는 분위기다. 앞서도 말했듯 지식 기반 사회에서 이는 조직의 성과를 극대화하는 아주 사소하지만 확실한 요인이다. 따라서 리더라면 반드시 학습과 혁신을 통해 조직이 성장할 수 있는 심리적 안정감을 만드는 일에 매진해야 한다.

'심리적 안정감'이라는 용어가 대중화된 계기도 이러한 주장을 뒷받침한다. 2016년 2월《뉴욕타임스 매거진New York Times Magazine》의 찰스 두히그Charles Duhigg 기자는 당시 '강력한 팀을 만드는 조건'이라는 주제로 구글Google이 5년간 진행한 '아리스토텔레스 프로젝트Project Aristotle'를 소개했다.[4] 여러 가지 가설을 수립해 성공적인 팀워크의 원동력을 증명하기 위한 연구였다(이를테면 '학력', '성비 균형', '친목 도모의 기회' 등 다양한 변수 중 무엇이 가장 팀워크에 긍정적인 영향을 미치는지 증명하는 식이었다). 초기에는 팀워크를 좋게 만드는 요인이 잘 드러나지 않았지만, 이후 방향을 수정해 조직 안에 자연스럽게 흐르는 관습과 규칙에 집중하다 보니 비로소 답이 보였다. 당시 두히그는 이렇게 기록했다.

"연구자들은 학술 논문에서 '심리적 안정감'이라는 주제를 발견했고 이를 조직에 대입해보기로 했다. 그러자 마침내 모든 퍼즐 조각이 맞춰지기 시작했다."[5]

조직에 심리적 안정감이 형성되면 구성원은 언제나 문제를 제기해도 모욕당하지 않고, 무시당하지 않으며, 질책당하지 않는다고 확신하게 된다. 실제로 2017년 갤럽Gallup이 실시한 설문조사에 따르면 '직장에서 자신의 의견이 중요하게 받아들여진다'고 응답한 비율이 10명 중 단 3명에 불과했다.[6] 하지만 이 비율이 10명 중 6명으로만 늘어도 이직률은 27퍼센트, 안전사고는 40퍼센트나 줄어든다. 한편 생산성이 향상되는 수치는 12퍼센트였다.[7] 절대 무시할 수 없는 분석치다.

앞으로 개인만의 힘으로 생산되는 상품과 서비스는 점차 줄어들 것이다. 이미 오늘날 경제에서 가치 있게 여겨지는 상품 대부분이 상호의존적인 결정과 행동의 결과다. 요컨대 효과적인 팀워크의 결정체인 셈이다. 앞서도 말했듯 팀워크는 점점 더 역동적으로 변하고 있다. 최근에는 공식적인 팀보다 그때그때 상황에 맞게 임시로 꾸려지는 팀의 형태가 늘어나는 추세다[8](전문성과 지위, 지역적 거리 등의 경계를 막론하고 다양한 구성원이 협력하며 의사소통하는 모습을 나는 앞선 책에서 '티밍Teaming'이라고 명명했다).[9] 기존 팀에서 업무를 지속하든 완전히 새로운 동료와 팀을 이루든, 모든 팀워크는 심리적으로 안정된 근무 환경이 갖춰졌을 때 가장 효과적으로 발휘된다.

만약 당신의 팀이 병원의 의료진이라면 처방전에 기재된 실수를 바로잡아 환자의 회복을 도울 수도 있고, 심각한 환자를 그대로 퇴원시켜 돌이킬 수 없는 결과를 초래할 수도 있다. 기업도 마찬가지다. 고객은 상품이나 서비스에 완전히 만족할 수도 있지만, 불만을 품고 SNS에 글을 올려 조직 전체를 위험에 빠뜨릴 수도 있다. 일촉즉발의 위기를 모면하느냐, 재앙과 같은 끔찍한 결과를 만들어내느냐는 조직의 심리적 안정감과 직결된다.

심리적 안정감을 조직에 심어 큰 성과를 거둘 것인가, 아니면 일간지 1면을 장식할 만한 실패를 경험할 것인가? 오늘날처럼 불확실하고 상호의존적인 시대에 성공하는 기업들은 어떻게 두려움을 극복하고 조직에 심리적 안정감을 구축했을까? 바로 이

책이 그 답을 찾는 여정에 조금이나마 도움이 되기를 진심으로
바란다.

**006** 이 책에 쏟아진 찬사

**010** 한국어판 서문

**013** 감수의 글 역동적인 조직 문화를 꿈꾸는 모든 리더에게

**017** 시작하는 글 최강의 팀에만 존재하는 특별한 힘

018 불확실한 시대를 돌파하는 기업의 생존 전략

020 왜 화기애애한 팀이 더 자주 실수할까?

022 강력한 팀을 만드는 마지막 퍼즐 한 조각

## 1장 지금 당신의 조직은 안전한가?

**033** 침묵의 굴레에서 조직을 구출하라

034 무의식 계산기는 모든 결과값을 침묵으로 만든다

039 인간관계가 안전할 것이라고 믿게 하라

042 솔직하지 못한 조직이 관심 병사를 만든다

045 두려움이 성장 동력이 될 수 없는 이유


**048** 심리적 안정감은 복지 혜택이 아니다

050 조직에 침묵이 만연할 수밖에 없는 이유

056 심리적 안정도와 직원 몰입도는 비례한다

058 좋은 리더는 갈등을 추진력으로 삼는다


062 | CASE STUDY | **침묵이 초래한 비극 – 테네리페 공항 참사**

070 | CASE STUDY | **허물없는 소통의 힘 – 허드슨강의 기적**

## 2장 두려움 없는 조직은 무엇이 다른가?

**083** 심리적 안정감을 구축하는 세 가지 방법

085 1단계: 토대 만들기

087 2단계: 참여 유도하기

089 3단계: 생산적으로 반응하기


**092** 1단계 지금 당장 '실패의 틀'부터 바꿔라

093 구글은 왜 실패한 팀에 보너스를 주는가?

097 실패의 세 가지 유형

100 격동하는 사회에서 가장 이상적인 리더는?

104 폭스바겐은 어쩌다 돌이킬 수 없는 강을 건넜을까?

110 쓰나미가 다이니 원전을 피해간 이유

115 한 차원 높은 목표로 동기를 부여하라


**117** 2단계 겸손하되 적극적으로 파고들어라

118 상황적 겸손을 보여라

122 적극적으로 질문하라


**127** 3단계 실패를 축하할 각오가 되어 있는가?

128 일단 고맙게 여겨라, 결과는 그다음 문제다

130 실패에 씌워진 '오명'을 제거하라

134 위반 행위에는 단호히 칼을 들어라

**138**　심리적 안정감에 대한 몇 가지 편견들

139　심리적 안정감은 친절함과 다르다

140　심리적 안정감은 개인의 성향을 초월한다

140　심리적 안정감은 신뢰감과 다르다

142　심리적 안정감이 성과의 기준까지 낮추진 않는다

145　동기부여 없이는 결코 안전할 수 없다


146　| CASE STUDY | 예견된 인재 – 후쿠시마 원전 사고

153　| CASE STUDY | 현실을 두려워한 결과 – 웰스파고와 뉴욕 연방준비은행

162　| CASE STUDY | 직원을 가족처럼 – 베리웨밀러

169　| SELF-CHECK | 리더십 자기평가




**3장**　**최고의 조직은 어떻게 혁신을 거듭하는가?**

**177**　심리적 안정감에 '완결편'은 없다

178　꾸준히 변할 용기가 있는가?

180　역풍을 거스르는 항해사처럼


**182**　솔직하라, 한 번도 상처받지 않은 것처럼!

183　픽사의 직원은 모두 비평가가 된다

187　흥행 참패를 막기 위한 '실패할 자유'

189　현실을 두려워한 노키아의 비극

191　두려움은 언제든 용기가 될 수 있다

**194** 귀를 열고 '침묵의 소리'를 들어라

194 누군가는 예상했던 컬럼비아호의 폭발

197 침묵은 저절로 깨지지 않는다


**200** 농담으로 볼 수 없는 농담들

201 소셜미디어 시대에 침묵?

203 수전 파울러가 쏘아 올린 작은 공

205 우버에 찾아온 평화


**208** 심리적 안정감에 대한 리더의 질문들


232 | CASE STUDY | 모두를 위한 하나, 하나를 위한 모두

                              −다비타 신장투석 센터

237 | CASE STUDY | 극도의 솔직함−브리지워터 어소시에이츠

244 | CASE STUDY | '잘 모릅니다'의 마법−아일린 피셔

250 | SELF-CHECK | 심리적 안정감 자체평가


253 감사의 말

256 작가에 대하여

259 참고문헌

1장

지금 당신의 조직은
안전한가?

# 침묵의 굴레에서
# 조직을 구출하라

"심리적 안정감은 구글의 성공을 이끈
다섯 가지 핵심 요소 가운데 가장 중요하다.
이는 나머지 네 가지 요소(분명한 역할과 목표, 신뢰할 수 있는 동료,
자신의 업무가 중요하다는 믿음, 그 업무가 팀에도 중요하다는 믿음)를 뒷받침한다."

― 줄리아 로조브스키Julia Rozovsky[1]

갓 태어난 쌍둥이는 별문제 없이 건강해 보였다. 그러나 27주 만에 태어난 미숙아였기에 의학적으로는 고위험군에 속했다. 다행히 병원에는 신생아집중치료실NICU이 있었고, 젊은 간호사 크리스티나 프라이스Christina Price와 머리가 희끗희끗한 의사 드레이크Dr. Drake가 근무하고 있었다.

크리스티나는 무척 걱정스러운 눈빛으로 쌍둥이를 바라봤다. 얼마 전 교육에서 알게 된 최신 치료법이 머릿속을 떠나지 않았기 때문이다. '고위험군 신생아에게는 최대한 빠른 시간에 폐표

면 활성제(폐 발달을 촉진하는 약물)를 투여하라'는 내용이었다. 폐가 완전히 발달하지 않은 채 태어난 미숙아는 보통 자가 호흡이 힘들다. 하지만 교육받은 내용과 달리 담당 의사 드레이크는 해당 약물을 투여하라고 지시하지 않았다.

마음이 조급해진 크리스티나는 드레이크에게 문제를 제기하려다가 이내 멈칫하며 돌아섰다. 지난주 그의 지시에 이견을 달았던 한 간호사가 공개적으로 질타당한 일이 떠올랐기 때문이다. 크리스티나는 '쌍둥이는 괜찮을 거야. 박사님이 투약 지시를 하지 않은 데는 이유가 있겠지'라고 되뇌며 스스로를 달랬다. 그러고는 문제를 제기하려던 생각 자체를 완전히 지워버렸다. 마침 드레이크가 오전 회진을 마치고 나가버린 터라 단념하기에는 그리 오랜 시간이 걸리지 않았다.


## 무의식 계산기는 모든 결과값을
## 침묵으로 만든다

문제 제기를 단념해버린 크리스티나는 앞으로 자신이 처하게 될 위험을 재빨리 계산했다. 물론 이것을 100퍼센트 의식적인 행동이라고 볼 수는 없다. 우리는 의식적으로든 무의식적으로든 하루에도 몇 번씩 이와 비슷한 종류의 사소한 판단을 내린다. 크리스티나 역시 '자신이 질타받게 될 위험'과 '쌍둥이가 겪게 될 위험'을 의식적으로 저울질했다고 보기 어렵다. 다만 크리스티나는 의견이 흔쾌히 받아들여지지 않을 걸 예상했기 때문에 자신보다 지식이 많은 드레이크 박사가 알아서 잘했겠거니 생각하며 스스로를 위안했다.

크리스티나의 이런 행동을 심리학에서는 '장기적 미래에 대한 회피 성향Discounting The Future(역자 조어)'이라고 설명한다. 즉, 크리스티나는 수일이 지나야 결과가 나타나는 쌍둥이의 건강보다 즉각적으로 자신에게 영향을 미치는 의사의 반응에 더 무게를 두고 행동했다. 우리의 일상과 건강에 전혀 도움이 되지 않는 수많은 결정 역시 이러한 성향으로 설명이 가능하다. 마지막 남은 초콜릿 케이크를 먹어치운다거나, 어려운 과제는 최대한 뒤로 미뤄두고 쉬운 것부터 해결하는 습관 등이 바로 그것이다. 직장에서 문제 제기가 필요할 때 목소리를 내지 않는 일 또한 장기적 미래에 대한 회피 성향의 대표적인 예다. 이는 기업의 지속적인 성장을 위해 반드시 해결해야 하는 문제지만, 안타깝게도 대부분의 조직이 이를 대수롭지 않게 여긴다.

궁극적으로 크리스티나의 행동은 '자신의 이미지를 관리했다'고 해석할 수 있다. 세계적인 사회학자 어빙 고프먼Erving Goffman의 저서 『자아 연출의 사회학』에도 이 같은 내용이 언급됐다. "우리 인간은 사회적 상호관계 속에서 주고받는 여러 정보를 조정하고 통제함으로써 나에 대한 다른 사람의 생각에 끊임없이 영향을 미치려 한다."[2] 이러한 노력 역시 100퍼센트 의식의 산물이라고 보기는 어렵다.

좀 더 쉽게 설명해보자. 아침에 일어나 즐겁고 설레는 마음으로 출근하는 사람은 거의 없다. 마찬가지로 동료들에게 무능하고 무지하며 업무에 차질을 주는 골칫덩이로 보이고 싶어 하는 사람 역시 아무도 없다. 우리는 누구나 다른 사람에게 똑똑하고, 능력 있고, 도움이 되는 사람으로 비치길 원한다. 이를 심리학에서는 '대인관계 위험Interpersonal Risks(역자 조어)'이라고 설명하며, 이를 관리하는 방법은 비교적 이른 나이에 습득한다.[3] 다른 사람이 자신을 어떻게 생각하는지가 중요해지는 초등학생 때쯤부터다. 우리는 이때부터 '어떻게 하면 상대방에게 거절이나 멸시당할 위험을 줄일 수 있는지' 그 방법을 배워나간다. 그러다가 성인이 되면 의식적으로 생각조차 할 필요도 없을 만큼 위험관리에 능숙해진다. 이를테면 이런 식이다.

무지해 보이기 싫다면?

… 질문하지 않으면 된다.

무능력해 보이기 싫다면?

… 자신의 실수나 약점을 인정하지 않으면 된다.

업무에 차질을 빚는 사람으로 낙인찍히기 싫다면?

… 회의 시간에 일절 입을 떼지 않으면 된다.

특정 상황에서는 이러한 태도가 자신을 꽤 괜찮은 사람으로 포장하는 데 도움이 된다. 하지만 전체적인 업무와 팀워크에는 아주 심각한 문제를 초래한다. 기업의 혁신을 방해하고, 서비스 품질을 떨어뜨리며, 최악의 경우에는 인명 피해로까지 이어지기 때문이다.

세계적인 경영 컨설턴트 닐로퍼 머천트<sup>Nilofer Merchant</sup>는 애플<sup>Apple</sup>에 근무하던 자신의 사회 초년생 시절을 이렇게 기억했다.

> "회의를 하면 뭐가 문제인지 정확히 보였다. 하지만 그런 내 생각이 틀렸다고 지적받는 게 두려워 아무런 말도 하지 못했다. 모든 책임이 나에게 돌아올까 봐, 동료들이 나를 향해 손가락질할까 봐 그저 가만히 앉아 있었다. 멍청한 사람으로 보이는 게 두려워 할 말도 제대로 못한 채 자리를 보전하는 데만 급급했다."[4]

이는 비단 머천트만의 문제가 아니다. 문제 제기와 관련해 직장인을 대상으로 한 설문조사에서 응답자의 85퍼센트는 '최소한 한 번은 업무와 관련해 상사에게 문제를 제기하려다가 실패한 경험이 있다'고 응답했다. 그 문제가 프로젝트의 성패를 결정지을 만한 아주 중요한 사안일 때도 마찬가지였다.[5]

그렇다면 이러한 현상은 눈칫밥만으로도 배가 부른 낮은 직급의 사원에게만 한정된 이야기일까? 결코 그렇지 않다. 한 대형 전자회사 재무팀에 새로 부임한 CFO(최고재무책임자)의 사례를 살펴보자. 그는 회사에서 진행하고 있던 인수합병 프로젝트를 검토하다가 심각한 허점을 발견했다. 하지만 이에 대해 어떠한 문제도 제기하지 못했다. 구성원 모두가 열성적으로 프로젝트에 임하고 있는 상황에서 '굴러 들어온 돌'인 그가 감히 딴지를 걸 수는 없었다. 그는 구성원들의 판단과 결정에 묻어가는 편을 택했다. 결과는 어땠을까? 인수합병은 완전히 실패로 끝났다. 회사가 전문 컨설턴트를 고용해 실패의 원인을 분석하자 그는 금방 자신의 과오를 인정했다.

"열정 넘치는 프로젝트에 행여 제가 찬물을 끼얹을까 봐 선뜻 나서지 못했습니다."

이처럼 잘못된 상황이라는 걸 알고도 방관자의 자세를 취하면 당장 개인의 안전은 보장될지 모른다. 하지만 조직 구성원으로서의 제 역할은 온전히 해내지 못한다. 결국 이러한 태도는 조직 전체를 위험에 빠뜨린다.

앞서 살펴본 크리스티나의 사례는 어떻게 됐을까? 다행히 쌍둥이에게 피해가 가지는 않았다. 하지만 이는 매우 예외적인 사례에 불과하다. 문제 제기만 제대로 했어도 얼마든지 막을 수 있는 사건·사고들이 생과 사의 문제로 이어져 비극적인 결말을 초래하기도 한다. 환자가 사망하고, 비행기가 추락하며, 금융 기관이 도산하는 이 모든 대형 사고가 결국은 '조직에 만연한 두려움'에서 비롯된다는 뜻이다. 그나마 다행스러운 건 조직의 두려움만 제거해도, 즉 구성원에게 심리적 안정감을 심어주는 것만으로도 이러한 사고를 쉽게 예방할 수 있다는 사실이다.


## 인간관계가
## 안전할 것이라고 믿게 하라

만약 크리스티나가 심리적 안정감이 구축돼 있는 병동에서 근무했다면, 그는 주저 없이 드레이크 박사에게 폐표면 활성제를 투여해야 하지 않겠느냐고 물었을 것이다. 문제 제기를 하는 것이 맞는지 아닌지 의식하지도 않았을 가능성이 크다. 의사의 지시를 재차 확인하는 게 그들의 자연스러운 업무 과정이었을 테니 말이다. 또한 언제든 자신이 낸 의견이 가치 있게 받아들여질 거라고 확신했을 것이다. 설령 치료 과정에서 아무런 변화를 주지 못하는 의견이었데도 말이다.

서로에 대한 신뢰와 존경을 바탕으로 한 근무 환경이었다면 드레이크도 크리스티나의 생각에 곧바로 동의하며 약 투여를 지시하거나, 투여를 지시하지 않은 이유에 관해 구체적으로 설명해주었을 것이다. 어떤 방향으로든 환자나 의료진에게 더 나은 쪽으로 마무리됐을 가능성이 크다. 약 투여가 반드시 필요한 상황이었다면 쌍둥이는 목숨을 건졌을 테고, 굳이 필요 없는 경우였다면 의료진 모두가 투약에 관해 더 구체적으로 배우는 계기로 삼았을 것이다. 여기서 한발 더 나아간다면 드레이크는 크리스티나에게 고마움을 느꼈을 것이다. 앞으로 자신이 실수를 하거나 무언가를 놓쳤을 때 그가 이를 바로잡아줄 거라고 믿으면서 말이다. 만약 이러한 상황이 드레이크 박사의 실수로 드러났다면, 크리스티나는 이런 생각을 했을 수도 있다. '폐표면 활성제가 꼭 필요한 아이에게는 해당 약물이 투여됐는지 확인할 수 있는 프로토콜을 도입하면 좋겠다.' 그리고 나서 자신이 생각한 바를 곧바로 상사에게 제안했을 것이다. 물론 심리적 안정감은 특정 개인이 아닌 팀 전체에 흐르는 분위기이므로 크리스티나의 상사는 제안을 듣고 흔쾌히 수용했을 가능성이 크다.

어떤 상황에서나 자유롭게 문제를 제기할 수 있는 건 동료들 간에 의사소통이 활발하다는 방증이다. 심리적 안정감이 흐르는 조직에서는 회의 때 자신의 우려를 가감 없이 드러내고, 동료들의 의견을 솔직하게 평가해준다. 또 이메일을 주고받으며 애매모호한 사안을 명확히 정리하거나 즉각적으로 도움을 요청하는 등 온라인상에서도 적극적으로 의사소통한다. 이 밖에도 대세에 반하는 의견을 내놓을 때 거침이 없거나, 작성한 보고서에 당당히 피드백을 요청하는 건 물론이고, 프로젝트 예산이 초과하거나 마감 기한을 넘겼을 때도 솔직하게 인정해 자신의 목소리를 가치 있게 낸다.

오늘날 조직에는 수많은 의사소통 방식이 존재하지만, 대다수는 자칫 불편해질 인간관계를 미리부터 염려하거나 엄청난 두려움을 감내하며 문제를 제기한다. 업무 현장에서 자신의 생각이나 우려 사항, 질문 등을 자유롭게 꺼내지 못하는 것은 '인간관계에 대한 두려움' 탓으로, 이는 경영진의 생각보다 그 정도가 심각하다. 두려움은 눈에 보이지 않는다. 침묵은 소리 없이 찾아온다. 그저 당사자만 입을 꾹 닫고 모른 척하면 상황은 아무 일도 없었다는 듯 그대로 지나가버린다. 문제가 얼마나 커지고 있는지 미처 상상도 못한 채 말이다.

이 같은 맥락에서 나는 '심리적 안정감'을 '인간관계의 위험으로부터 근무 환경이 안전하다고 믿는 마음'이라고 정의했다.[6] 어떤 의견을 말해도 무시당하지 않고 질책당하거나 징계받지 않는다면, 즉 구성원 모두가 심리적 안정감을 느낀다면 동료들의 눈치 따위 보지 않고 자기 생각이나 질문, 우려 사항을 자유롭게 말할 수 있다. 심리적 안정감은 구성원이 서로를 신뢰하고 존중하며 자기 생각을 솔직하게 나눌 때야 비로소 생긴다. 심리적 안정감이 흐르는 조직에서는 크리스티나가 경험한 것처럼 '아주 짧지만 결정적인 침묵의 순간'이 발생하지 않는다. 대신 누구나 주저 없이 자기 생각을 이야기하고 상대방의 의견에 귀 기울이며 각종 문제나 실수에도 쉽게 대처한다. 또 이러한 과정을 내부 발전의 계기로 삼기도 한다.

여기서 중요한 점 하나를 짚고 넘어가야 한다. 심리적 안정감은 각각의 개별 조직이 가진 고유한 자산이다. 같은 회사에 소속됐다고 해도 팀별로 분위기에 따라 심리적 안정감의 정도에는 차이가 있다. 뚜렷한 기업문화를 가진 기업에서도 심리적 안정감이 높은 팀이 있는가 하면, 그렇지 않은 팀도 있다. 크리스티나가 근무하는 병원만 봐도 그렇다. 어떤 병동에서는 간호사가 의사의 조치에 즉각적으로 반응하며 문제를 제기하지만, 크리스티나의 병동에서는 상상도 할 수 없는 일이었다. 이러한 분위기의 차이는 아주 미묘하지만 강력한 방식으로 구성원의 행동 양식을 결정한다.

## 솔직하지 못한 조직이
## 관심 병사를 만든다

심리적 안정감에 관한 연구는 이미 1960년대 초부터 활발히 진행되어왔다. 매사추세츠 공과대학교의 에드거 샤인Edgar Schein 교수와 워런 베니스Warren Bennis 교수는 1965년에 출간한『집단 방식을 통한 개인적·조직적 변화Personal and Organizational Change through Group Methods 』에서 '심리적 안정감이 조직의 변화에 따른 구성원의 불안감을 극복하는 데 도움을 준다'고 역설했다.[7] 특히 샤인 교수는 심리적 안정감이 구성원 개개인의 방어적 태도나 불안한 학습 심리를 극복하는 데 필수적이라고 언급했다.[8] 즉, 심리적 안정감은 구성원이 자기 안위를 보호하는 데 급급하지 않고 '팀 공통의 목표'를 달성하는 것에 온 힘을 쏟도록 이끄는 동력이다.

1990년에는 보스턴대학교의 윌리엄 칸[William Kahn] 교수가 '심리적 안정감이 어떻게 구성원들의 참여를 북돋울 수 있는지'를 증명해냈다.[9] 칸 교수는 구성원들이 수동적인 자세로 자신을 보호하기보다는 업무에 적극적으로 참여하면서 자기 생각을 자유롭게 표현하는 근무 환경을 찾아 나섰다. 그 결과 '자신이 조직에서 중요한 존재로 인식된다는 믿음'과 충만한 '심리적 안정감'이 구성원의 참여를 이끌어낸다는 사실을 밝혀냈다. 여기에 더해 신뢰와 존경을 바탕으로 한 조직일수록 자기가 제시한 의견이 좋은 결과로 이어질 거라 믿는 비율이 더 높다는 사실도 밝혀냈다.

이들 석학에 이어 나는 심리적 안정감이 조직 전체가 아닌 '특정 집단의 현상'이라는 점을 연구의 핵심 주제로 삼았다.[10] 각 병동의 분위기에 따라 의료 과실의 발생 비율이 다르다는 첫 연구 결과를 토대로, 미국 중서부 지역에 있는 한 제조업체의 51개 팀을 대상으로 심리적 안정감에 대한 연구를 진행했다. 그 결과 심리적 안정감은 팀별로 매우 다르게 나타났으며, 이는 구성원의 학습 태도나 성과에 매우 직접적인 영향을 끼치는 것으로 드러났다. 1999년 유명 학술지에 게재된 이 연구 결과는 구글 '아리스토텔레스 프로젝트'의 시발점이 되기도 했다.[11]

나는 이 연구를 통해 '심리적 안정감이란 결코 구성원 개인의 성격적 특성이 아니다'는 점을 발견했다. 이는 각 팀의 리더가 만들어갈 수도 있고, 또 구성원 전체의 부단한 노력으로 이루어질 수도 있다. 좀 더 구체적으로 설명하면, 내가 연구를 진행한 모든 조직에서는 심리적 안정감의 정도가 팀별로 매우 다르게 나타났다. 심리적 안정감은 결코 우연의 산물이거나 규정하기 힘든 화학적 작용의 결과가 아니다. 더욱 분명한 사실은 리더의 성향과 능력에 따라 심리적 안정감이 제공되기도, 그렇지 못하기도 한다. 병원에서든, 기업에서든, 공장에서든, 은행에서든, 레스토랑에서든 모두 마찬가지였다. 이러한 연구 결과는 곧 다음과 같은 결론을 이끌어냈다.

'우리는 누구나 인간관계에서 비롯되는 사소한 위험에 노출되어 있지만 그 위험은 얼마든지 줄일 수 있다.'

직장에서는 누구나 평가를 받는다. 공식적으로는 내 상사가 나의 업무 성과를 평가하고, 비공식적으로는 동료나 부하 직원이 시시각각 나를 판단하며 정의 내린다. 우리의 이미지는 위험에 끊임없이 노출되어 있다. 하지만 이런 위험은 얼마든지 극복할 수 있다. 인간관계에 대한 두려움으로 직장에서 제 역할을 못하는 '바보'나 '관심 병사'가 되어서는 안 된다. 동료에게 잘못 보이는 것보다 고객 만족에 실패하는 것을 더욱 두려워하는 근무 환경을 만들어야 한다. 그리고 이는 얼마든지 당신 손으로 이뤄낼 수 있다.


## 두려움이 성장 동력이
## 될 수 없는 이유

과거 공장의 조립라인 노동자나 농장 노동자에게는 '두려움'이 성과의 원동력으로 작용했다. 하루 종일 똑같은 일을 반복하면서 개개인의 속도나 정확성에 따라 보수를 받았기 때문이다. 그래서 '사장'이라는 이미지는 늘 직원들에게 두려움을 유발하는 악랄한 존재로 비치기도 했다. 실제로 이런 모습은 드라마나 영화에서 곧잘 희화되었는데, 예를 들면 영화 「라따뚜이」 속 레스토랑 주방을 마음껏 주무르는 이른바 '독재 주방장'의 모습이다. 이 인물은 주인공 생쥐 레미Remy가 주방장의 꿈을 이루기 위해 가장 먼저 극복해야 할 대상으로 그려졌다.

그런데 영화보다 더 안타까운 것은 여전히 수많은 관리자급 리더가 '두려움'이 구성원들의 동기를 유발한다고 믿는다는 사실이다. 즉, 구성원이 업무나 성과 관리에 대해 두려움을 느끼면, 좋지 않은 결과를 피하기 위해서라도 열심히 일할 것이고 어떻게 해서든 성과를 만든다는 것이다. 이러한 논리는 업무 자체가 단순하거나 구성원의 의사 개입이 전혀 이루어질 수 없는 환경에서라면 어느 정도 설득력이 있다. 하지만 구성원들이 얼마나 학습하고 협력했느냐가 오늘날의 성패 요인이 된 환경에서는 두려움이 결코 효과적인 동력이 될 수 없다.

좀 더 과학적인 사례를 들어보겠다. 뇌과학에서는 이미 오래전부터 두려움이 구성원의 학습과 협동력을 저하시킨다고 증명해왔다. '파블로프의 개'로도 유명한 20세기 초 행동과학자 이반 파블로프Ivan Pavlov는 1924년 레닌그라드 홍수 이후 자신의 연구실에서 기르던 개 수십 마리의 학습 능력이 현격하게 저하됐다는 사실을 밝혀냈다. 발견 당시 개들은 물 위로 코만 겨우 내놓을 만큼 생사의 기로에 놓여 있었다.[12] 그리고 이날의 두려움의 기억은 개의 학습 능력을 앗아갔다. 이후 신경과학자들은 연구를 더 발전시켜 두려움이 편도체, 즉 위협을 감지하는 뇌 영역을 활성화한다고 밝혔다(중요한 프레젠테이션을 앞두고 심장이 쿵쾅거리거나 손에 땀이 차는 현상이 편도체 반응이다). 또 두려움이 체내 자원을 전혀 다른 곳에 써버리게 한다고도 했다. 학습이 제대로 이뤄지려면 기억력을 관장하고 새로운 정보를 처리하는 뇌 영역에 자원이 소비돼야 하는데, 이 자원이 두려움에 의해 전혀 엉뚱한

데 소비된다는 것이다. 두려움은 또한 분석적인 사고 능력과 창의적 통찰력, 문제 해결 능력까지 저하시킨다고 알려졌다.[13] 두려움에 휩싸이면 우리가 제 능력을 다 발휘하지 못하는 이유가 바로 여기에 있다. 즉, 구성원의 학습 참여도(정보를 공유하고 도움을 요청하며 각종 실험을 진행하는 등의 적극성)는 두려움에서 얼마나 벗어나 있느냐에 따라 결정되며, 이는 직원 만족도에 큰 영향을 미친다는 것이 뇌과학에서 이미 증명된 셈이다.

뒤이어 자세히 설명하겠지만 리더는 조직에 존재하는 각종 계급을 경계해야 한다. 지위가 낮을수록 심리적 안정감이 낮다는 건 이미 여러 연구를 통해 증명된 바이기 때문이다. 우리는 다른 사람과 자신의 상대적 지위를 무의식 속에서 끊임없이 비교하며, 자신의 지위가 낮을 경우 상사와 함께 있는 것만으로도 상당한 압박감을 느낀다.[14]

당신의 조직은 구성원이 새로운 아이디어를 도출하면 그것을 환영하고 지지하는가? 아니면 조롱하며 무시하는가? 다른 관점의 생각에 대해 말도 안 되는 이야기라고 치부해버리며 비난하는 일은 없었는가? 우리 조직이 상호 간에 솔직한 모습을 기대하며 이를 장려하는지, 또는 누군가의 의견에 습관적으로 적대감을 드러내는 건 아닌지 곰곰이 생각해보기 바란다.

# 심리적 안정감은
# 복지 혜택이 아니다

"최고경영자로서 가장 큰 두려움은
직원들이 내게 진실을 말하지 않는 것이다."

— 마크 코스타Mark Costa[15]

어느 늦은 봄날, 미국 테네시주 킹스포트Kingsport에 본사를 둔 이스트만 화학Eastman Chemical Company의 CEO 마크 코스타가 하버드 경영대학원 2학년생들을 대상으로 수업을 진행했다. 학생들은 여느 수업과 달리 유독 연사에게 집중한 모습이었다. 에너지와 자신감 넘치는 그의 모습은 누구라도 닮고 싶을 만큼 인상적이었다. 그는 학생들을 앞에 두고 최고경영자로서 자신의 경험과 생각을 가감 없이 전했다. 그는 하버드 경영대학원을 거쳐 전략 컨설팅 회사에서 실무를 쌓은 다음, 지금의 위치에까지 오른 인물이다. CEO로서 당시 임기 4년째인 그는 11조 규모의 세계적인 화학 제조사의 수장으로서 자신에게 주어진 기회와 책임을 매우 기쁘게 받아들이고 있었다.

취임 이후 코스타는 회사의 핵심 전략부터 손보기 시작했다. 그 결과 일상적인 제품보다는 혁신적인 전문 제품의 판매량이 꾸준히 늘었다. 덩달아 회사의 재정 상태도 개선되었다. 이러한 목표를 달성하기 위해 그가 가장 중요한 가치로 삼은 것은 '전 세계 1만 5000명 이스트만 임직원의 전문성과 지식, 각종 아이디어를 적극 활용하는 것'이었다.

코스타는 이제 곧 졸업과 동시에 새로운 직업을 갖게 될 학생들에게 MBA 졸업 이후 25년간 직장 생활을 하며 깨달은 바를 진솔하게 나눠주었다. 놀랍게도 그는 자신이 최고경영자로서 느끼는 가장 큰 두려움이 '회사의 사정을 제대로 알지 못하는 것'이라고 밝혔다. 그래서 좋은 일이든 나쁜 일이든, 부족한 모습이든 실망스러운 모습이든 회사의 참모습을 보기 원한다고 직원들에게 늘 강조한다.

"회사의 리더는 자신의 약한 모습과 실수를 있는 그대로 드러내야 합니다. 그래야 다른 직원들도 실수를 솔직하게 보고할 수 있으니까요." [16]

이어서 코스타는 리더의 자만심이 내포한 위험에 대해서도 이렇게 경고했다.

"리더로서 자신이 모든 정답을 갖고 있다고 생각한다면, 그 생각을 당장 집어치워야 합니다. 리더의 생각도 얼마든지 오답일 수 있다는 걸 왜 의심하지 않죠?"[17]

오늘날 사회에서 심리적 안정감은 '있으면 좋은 것'의 범위를 넘어섰다. 이것은 단순히 무료 점심이나 사내 게임방처럼 쾌적한 업무 환경을 위한 복지 혜택이 아니다. 지식을 바탕으로 나아가는 조직, 특히 다양한 영역의 전문성을 통합해야 하는 조직에서는 심리적 안정감이 성공에 필수적이다. 혁신과 성장이 직원들의 지식과 협력에 달려 있을 때, 조직은 직원들이 자신의 재능을 마음껏 펼치는 환경을 조성하는 일에 투자를 게을리해서는 안 된다. 이스트만의 모든 관리자가 코스타의 리더십에 순응할 수밖에 없는 이유도 바로 여기에 있다.

## 조직에 침묵이
## 만연할 수밖에 없는 이유

누구나 한 번쯤 일을 하면서 정말 궁

금했지만 선뜻 물어보지 못한 적이 있을 것이다. 또 자기 생각을 밝히고 싶었지만 입을 꾹 다문 경험도 직장인에게는 흔한 경우다. 역시나 다수의 연구 결과는 이러한 유형의 침묵이 직장에서 아주 빈번하다고 밝혀왔다. 언제, 어떤 이유로 침묵을 선택하는지 실제 근로자를 인터뷰해 분석한 내용을 보면, 사람들은 종종 회사나 고객, 또는 자신에게 아주 중요한 지점이라는 걸 알면서도 제대로 된 목소리를 내기보다는 그저 침묵해버리는 편을 택했다.

그런데 이러한 결과는 아주 중요한 내용을 내포하고 있다. '침묵은 그 누구에게도 도움이 되지 않는다'는 사실이다. 팀 전체로 보면 놓쳐서는 안 될 부분을 놓친 셈이고, 문제 제기를 포기한 당사자에게는 괜한 후회만 남긴 꼴이다. 주변 동료들은 당사자가 불만을 가졌다는 사실조차 모른 채 개선의 기회는 사라져버린다. 그리고 이는 때때로 비극적인 결과로 이어지기도 한다. 자기 생각을 입 밖으로 꺼내기만 했다면 조직에 일정 부분 기여하면서도, 얼마든지 피할 수 있는 결과였는데도 말이다.

직장 내 침묵에 관한 초기 연구를 더 살펴보자. 뉴욕대학교 프랜시스 밀리켄Frances Milliken과 엘리자베스 모리슨Elizabeth Morrison, 퍼트리샤 휼린Patricia Hewlin 연구원은 컨설팅 회사와 금융 기관, 언론사, 제약사, 광고사 등에 근무하는 정규직 근로자 40명을 인터뷰하며 '직장에서 문제 제기를 꺼리는 이유'와 '문제 제기를 가장 기피하는 부분'에 대해 물었다.[18] 그 결과 '동료들이 자신을 좋지 않은 시선으로 볼까 봐 침묵해버린다'는 의견이 제일 많았다. 또 '누군가를 당황시키거나 언짢게 하고 싶지 않아서'라는 의견도 적지 않았다. 이와 함께 '문제 제기 자체를 쓸데없는 짓'으로 보는 의견도 있었다. 중요하게 다뤄지지 않을 게 뻔한데 신경 쓰고 싶지 않다는 식이었다. 몇몇은 '보복이 두렵다'는 이유를 들기도 했다. 이러한 두려움은 심리적 안정감과는 완전히 배치되는 감정이었다.

그렇다면 사람들은 어떤 문제를 제기하고 싶어 할까? 대부분 조직적인 내용과 개인적인 내용에 모두 문제를 제기하고 싶어 했다. 그중에는 직장 내 성희롱 경험이나 상사의 월권행위, 자신의 실수 등 섣불리 말하기 어려운 문제도 있었다. 그런데 놀라운 점은 업무 프로세스와 관련된 아이디어처럼 조직 구성원으로서 얼마든지 피력할 수 있는 내용조차 입 밖으로 꺼내길 주저한다는 사실이었다. 즉, 조직의 발전을 위한 아이디어를 내는 데도 그저 침묵으로 일관하고 있었다. 인터뷰 응답자 모두 '최소한 한 번 이상 문제를 제기하려다가 주저한 경험이 있다'고 응답했다. 대부분은 아주 우려되는 문제였는데도 말이다.

이 조사를 통해 우리는 직장 내 문제 제기와 관련해 당연하게 여겨지는 몇 가지 규칙을 발견할 수 있다. 그림 1-1에서 나타난 바와 같이 이것은 조직 구성원이 상사에게 문제를 제기할 때 적

그림 1-1. **직장에서 의견을 제시할 때 작동되는 암묵적 규칙**

| 문제를 제기하거나 침묵을 지킬 때 작동되는 암묵적 규칙 | 인터뷰를 통한 실제 사례 |
|---|---|
| 상사가 관여한 업무에 대해서는 비판하지 마라 | "상사 본인에게 소유권이 있다고 생각하는 업무에 대해 문제를 제기하는 것은 본질적으로 위험하다." |
| | "상사가 업무 전체를 총괄하면서 직접 관여했기 때문에 문제 제기 자체를 불쾌하게 받아들일 수 있다." |
| 확실한 증거가 없으면 말하지 마라 | "충분한 연구나 탐색을 거치지 않은 제안은 내놓지 않는 게 낫다." |
| | "문제 제기를 할 때는 이를 뒷받침할 확실한 증거를 갖고 있어야 한다." |
| 상사의 상사가 함께 있을 때는 문제를 제기하지 마라 | "상사의 상사가 함께 있을 때 문제를 제기하는 것은 위험하다. 자신에 대한 도전으로 받아들일 수 있다." |
| | "상사는 내가 고분고분하지 않거나 자신을 얕본다고 느낄 수 있다." |
| 상사의 체면이 깎이지 않도록 다 같이 있는 자리에서는 부정적인 언급을 피하라 | "상사는 여러 사람 앞에서 창피당하는 것을 매우 싫어한다. 할 말이 있으면 일대일로 대면해 상사가 무능력해 보이지 않도록 한다." |
| | "상사와 직접 대면하는 행동으로 여러 사람 앞에서 상사를 곤란하게 만들지 않는다." |
| 문제 제기는 해고로 이어질 수 있다 | "특정 프로젝트를 중단시키거나 비판하면 자칫 해고될 수 있다." |
| | "문제 제기로 인해 곤란해진 상황을 상사가 탐탁지 않게 여기면 이는 장기적으로 좋지 않은 결과를 만들기도 한다." |

절하다고, 혹은 적절하지 않다고 여기는 상황에 대한 기본적인 생각들이다.

해당 이론을 검증하기 위해 우리는 여러 회사의 매니저급 관리자를 대상으로 간단한 설문조사를 진행했다. 다양한 상황을 담은 삽화를 보여주면서 어떤 상황일 때 문제를 제기하고, 어떤 상황에서 침묵하는지 살펴보았다. 예를 들어 삽화에는 중요한 문제를 발견한 직원이 상사에게 이를 보고하려는 내용이 그려져 있다. 하나는 상사의 상사가 함께 있는 상황이고, 다른 하나는 오직 상사만 있는 상황이다. 이때 응답한 직원 대다수는 오직 상사만 있는 상황에서 문제를 보고하겠다고 선택했다.

이처럼 문제 제기와 관련해 당연시되는 믿음은 생산성과 혁신, 직원들의 참여를 저하시킨다. 대개 조직 안에서 부정적인 말은 윗선까지 닿지 않는다고 한다. 하지만 우리의 조사 결과, 부정적인 말은 물론이거니와 직원들의 참신한 생각이나 의견까지도 닿지 않는 사례가 대다수였다. 직원들이 지나치게 조심하며 몸을 사린 탓이다.

그렇다면 문제를 제기하는 상황에서 직원들의 머릿속에 자동적으로 떠오르는 생각을 살펴보자. 그림 1-2와 같이 문제 제기에는 당사자의 노력과 의지가 필요하다. 또한 이를 통해 아주 크고 중요한 결과를 만들어낼 수도, 그렇지 못할 수도 있다. 유감스럽게도 문제를 제기해 혜택을 보는 데까지는 어느 정도의 시

그림 1-2. **침묵을 선택할 수밖에 없는 이유**

|  | 혜택을 보는 쪽 | 혜택을 보는 시점 | 혜택 보장의 확실성 |
|---|---|---|---|
| **문제 제기** | 조직 혹은 고객 | 시간이 지난 후 | 낮다 |
| **침묵** | 자신 | 즉시 | 높다 |

간이 걸린다. 심지어 아무런 혜택을 보지 못할 수도 있다. 반면 침묵은 철저히 본능적이며 안전하다는 장점이 있다. 스스로를 보호할 뿐만 아니라 즉각적이고 확실한 혜택을 보장해주기 때문이다.

이러한 문제 제기와 침묵 사이의 불균형은 '침묵을 지켜서 해고된 사람은 아무도 없다'는 관점에서도 살펴볼 수 있다. 안전에 대한 인간의 욕구는 매우 강하다. 따라서 조직 구성원은 자발적으로 인간관계의 위험을 떠안으려 하지 않는다. 누구도 의심하거나 비판하지 않는 부분에 대해서 굳이 나서서 지적하지도 않는다. 즉, 사람들은 침묵을 지키면 최소한 안전하다고는 확신한다. 그러나 자신의 문제 제기가 큰 차이를 만들어낼 것이라고는 온전히 확신하지 못한다.

이러한 불균형의 원인으로는 자신의 문제 제기가 자칫 상사에게 모욕감을 줄 수 있다는 두려움도 한몫한다. 기존에 늘 해오던 방식이나 절차에 대해 문제가 있다고 의견을 제기하면, 상사는 자신을 모욕하거나 무시한다고 생각할 수 있다. 더욱이 그 시스템을 실질적으로 개발한 주체가 상사 본인이라면 결국 문제를 제기한 쪽에서는 상사의 결과물이 틀렸다고 지적한 꼴이 되고 만다. 침묵을 지키는 편이 안전할 수밖에 없다.

하지만 이처럼 당연시되고 있는 규칙에 순응한 채 이를 바꿔나가지 않으면 동료들의 참신한 생각과 의견은 계속해서 사장될 것이다. 본인 스스로도 마찬가지다. 직접 의견을 내고 변화를 만들면서 느끼는 만족감을 경험하지 못하고 그저 정시에 출근해 주어진 일만 하는 수동적인 직원이 되고 만다.

## 심리적 안정도와
## 직원 몰입도는 비례한다

그간 '업무 만족도'는 직원들의 이직률을 예측하는 데 중요한 지표로 사용돼왔다. 그러나 최근 몇 년 새 경영진의 관심은 '직원 몰입도'로 옮겨가고 있다. 업무 만족도가 중요한 건 사실이지만, 완전한 지표는 아니기 때문이다. 이는 대다수의 관리자가 인정하는 부분이다.

업무 만족도란 직원이 자신의 업무를 얼마나 즐기며 흡족해하는가를 나타내는 척도다. 하지만 만족도가 높다고 해서 업무에 더 적극적으로 참여하거나 잘해내려는 의지를 불태우진 않는다. 자발적인 노력의 정도를 가늠하기 위해서는 직원이 자신의 업무나 조직에 얼마나 열정적으로 임했는지를 나타내는 지표인 직원 몰입도를 참고해야 한다. 다행히 오늘날 다수의 경영자가 회사의 실적이 직원 몰입도에 비례해 향상된다는 사실을 인지하기 시작했다.

직원 몰입도에 관한 최근의 연구는 주로 심리적 안정감에 집중돼 있었다. 예를 들어 미국 중서부 지역의 한 보험회사에서 실시한 설문조사 결과를 보면, 심리적으로 안정된 근무 환경일수록 직원 몰입도가 높은 것으로 나타났다. 이러한 심리적 안정감은 동료들 간에 서로 돕고 배려하는 분위기에서 생겨났다.[19] 다른 연구에서는 경영진이 직원을 신뢰하는 정도와 직원 참여도 간의 상관관계를 들여다봤다. 아일랜드 연구소 소속 과학자 170명을 대상으로 한 설문조사 결과를 보면, 경영진의 직원 신뢰도가 높을수록 직원들의 심리적 안정감이 높은 것으로 나타났고, 이는 다시 직원 몰입도를 상승시키는 형태로 이어졌다.[20] 이와 더불어 독일에서 근무하는 터키 이민자들을 연구한 결과, 심리적 안정감은 직원들의 업무 몰입도뿐만 아니라 정신 건강, 이직률에도 상당한 영향을 미치고 있었으며, 더욱이 심리적 안정감의 긍정적인 효과는 같은 회사 안에서도 독일인 직원보다 이민자에게서 더 크게 나타났다.[21]

## 좋은 리더는 갈등을
## 추진력으로 삼는다

최근 한 연구에서는 심리적 안정감이 여러 변수 간의 관계를 약화시키거나 강화시키는 '조정자'의 역할을 한다는 게 밝혀졌다. 심리적 안정감은 수많은 직원이 각기 다른 지역에서 근무할 때 발생하는 각종 문제를 극복할 뿐만 아니라 갈등을 효과적으로 활용하고, 팀원 간의 다양성을 연결하는 데도 중요한 역할을 한다.

같은 회사에 소속되어 있지만 세계 각지로 흩어져서 근무하는 소위 '가상의 팀'은 오늘날 점점 더 일반화되고 있는 팀의 형태다. 이들은 오직 전자 매체로만 소통하면서 수많은 어려움에 직면한다. 직원 간 국적과 문화가 다른 데서 오는 문제, 시차 문제, 보직 변경으로 인한 혼란 등이 그것이다. 그런데 이러한 문제를 극복하는 데 심리적 안정감이 열쇠가 된다는 연구 결과가 나왔다. 서호주대학교의 크리스티나 깁슨Cristina Gibson 교수와 러트거스대학교의 제니퍼 깁스Jennifer Gibbs 교수는 세계 18개국에 흩어져서 근무하는 14개 혁신 업무팀을 대상으로 연구를 실시했다. 그 결과 심리적 안정감은 분산된 근무 환경에서 발생하는 각종 문제를 효과적으로 해결하는 데 도움을 주는 것으로 나타났다.[22] 심리적으로 안정된 근무 환경에서는 동료들의 반응에 크게 민감하게 반응하지 않았으며, 이런저런 생각을 솔직하게 털어놓았다. 실제로는 서로 간에 단 한 번도 만난 적이 없었는 데도 말이다.

같은 공간에서 근무하든 지역적으로 멀리 떨어져서 근무하든, 갈등은 어느 팀에나 존재한다. 이론상으로 갈등은 효과적인 의사결정과 혁신을 증진하는 것으로 알려졌다. 갈등 과정에서 다양한 생각과 관점이 조정되기 때문이다. 그러나 실제로 대부분의 사람은 갈등을 중재하고 이를 효과적으로 활용하는 일에 능숙하지 못하다.[23] 무작정 화를 내거나 끝까지 자기 생각만 고집하면서, 결국 마음의 문을 닫아버리기도 한다. 몇몇 연구 결과를 보면 심리적 안정감이 보장된 환경에서는 이러한 갈등이 팀 성과에 긍정적인 영향을 끼치는 것으로 나타났다. 실제로 브렛 브래들리Bret Bradley 교수팀이 학생들로 꾸려진 117개 프로젝트팀을 대상으로 연구를 진행한 결과, 심리적 안정감이 갈등에서 비롯된 팀 성과에 상당한 영향을 미치는 것으로 나타났다. 요컨대 심리적 안정감이 높은 팀에서는 갈등이 효과적으로 활용돼 팀의 성과를 높이는 한편, 심리적 안정감이 낮은 팀에서는 정반대의 결과를 보인 것이다.[24] 연구진은 팀 구성원이 동료들의 반응에 크게 민감하게 반응하지 않으면서 서로의 생각과 의견을 자유롭게 표현할 수 있는 팀 분위기를 결정적인 변수로 보았다.

지금까지 소개한 연구 결과는 심리적 안정감이 전 세계 여러 조직에 다양한 혜택을 제공한다는 점을 확실히 보여준다. 각종 산업 전반에서 이뤄진 연구는 이후에도 지속적으로 추적·관찰되고 있다.

심리적 안정감은 비단 학계뿐만 아니라 각종 산업의 실제 현장에서도 상당히 주목받고 있는 주제다. 특히 구글의 '아리스토텔레스 프로젝트'가 《뉴욕타임스 매거진》과 CNN 정보 프로그램 「파리드 자카리아 GPS<sup>Fareed Zakaria GPS</sup>」에 보도되면서 대중의 관심은 더욱 높아졌다.[25] 이제 경영 컨설턴트나 기업 관리자, 의사, 간호사, 엔지니어 등 다양한 영역의 조직 구성원이 심리적 안정감에 대해서 언급한다. 그런데도 아직까지도 심리적 안정감의 중요성을 온전히 인식하고 있는 리더는 많지 않다. 또 심리적 안정감이 결여된 조직에서 문제가 발생했을 때 그 원인을 심리적 안정감의 부재에서 찾는 경우도 거의 없다.

반드시 기억해야 할 것은 어느 조직에서 일하든 문제를 꼭 제기해야 하는 순간에 목소리를 내지 못하면 그 문제를 수면 위로 드러낼 수 없다. 현장의 근로자든 고위직 임원이든 마찬가지다. 직원들이 그저 입을 다물면 그때그때 간단히 해결할 수 있는 문제도 손쓸 수 없을 만큼 곪아버린다. 이는 바꿔 말해 심리적 안정감만 제때 활용해도 동종 업계에서 경쟁우위를 확보할 수 있다는 뜻도 된다.

이제 다음 장에서는 조직에 존재하는 두려움의 결과와 심리적 안정감의 혜택을 본격적으로 비교해보려 한다. 두려움 없는 조직으로 거듭나기 위한 여러 방안을 단계별로 사례를 통해 짚어본 뒤 그 안에서 리더가 반드시 해야 할 일은 무엇인지 살펴보는 시간을 갖자.

# 침묵이 초래한 비극
## – 테네리페 공항 참사

1977년 3월 27일, 초대형 제트여객기 보잉747 두 대가 스페인 카나리아제도 테네리페섬의 한 공항에서 충돌했다. 두 여객기는 충돌과 동시에 곧장 불길에 휩싸였고, 이 사고로 승무원을 포함해 총 583명의 탑승객이 사망하고 61명의 부상자가 발생했다. 일명 '테네리페 공항 참사'라고 불리는 이 사고는 역사상 최악의 민간 항공기 사고로 기록되며, 오랜 시간 사고의 원인을 밝히는 조사가 이어졌다. 이 과정에서 참사를 촉발하게 된 조종사 조직 특유의 문화도 함께 연구가 이루어졌다. 당시의 조사와 연구 결과는 항공기 운항과 조종사 훈련 과정에 상당한 변화를 불러일으켰으며, 오늘날 우리가 매우 중요하게 여기는 '심리적 안전지표'를 생성하는 데 초석이 되었다.

자, 그렇다면 사고 당일로 한번 돌아가보자. 1977년 3월 어느 늦은 오후, 테네리페섬 로스 로데오 공항에서는 어떤 일이 벌어진 걸까?

그날 활주로에는 짙은 안개가 깔려 있었다. 규모가 작은 활주로의 특성상 두 여객기의 조종사들은 상대의 기체를 알아보기가 매우 어려웠을 것이다. 더욱이 그날 아침에는 인근 라스팔마스 공항에서 폭탄이 터지는 사고가 발생했다. 그 바람에 평소보다 많은 비행기가 테네리페섬으로 비상착륙을 시도했다. 예정된 도착 시간을 엄수해야 하는 조종사들의 긴장감은 자연히 극을 향해 치닫고 있었다.

그즈음 관제탑 직원들은 무엇을 하고 있었을까? 평소와 같이 스포츠 게임을 관람하며 활주로 상황에 집중하지 않았을 수도 있다. 물론 바람직한 처사는 아니지만 당시에는 이런 일이 꽤 비일비재했다. 비행기 조종석에서는 어떤 대화가 오갔을까? 조종사들은 구체적으로 어떤 말을 했고, 어떤 말을 하지 않았으며, 그 이유는 무엇이었을까? 이 내막을 살펴보면 '심리적 안정감'이 조직에 얼마나 중요한지를 절실히 깨닫게 될 것이다.

## 상황을 돌이키기엔
## 너무 늦었다

먼저 KLM 네덜란드 항공 조종석으로 가보자. 당시 기장이었던 제이콥 벨드후이전 반 잔텐Jacob Veldhuyzen van Zanten은 747 기종 조종사들의 선임 교관이자 안전 부문의 수석 책임자였다. '미스터 KLM'이라는 별명으로 불릴 만큼 회사에서 영향력 또한 막강했다. 조종사 면허 발급부터, 최근 6개월간 비행 이력을 점검해 면허 갱신의 여부를 결정하는 일도 그의 손에 달려 있었다. 흰색 셔츠를 입고 조종석 계기판 앞에 앉아 환히 미소 짓는 그의 모습은 광고에도 등장할 정도였다. 그야말로 자신만만하고 유능한 기장의 전형적인 모습이었다.

사고 당일 조종석에는 클라스 뮤어스Klaas Meurs 부기장과 항공기관사 윌리엄 슈뢰더Willem Schreuder가 동행했다. 두 달 전 반 잔텐은 보잉747 기종에 대한 뮤어스의 조종 능력을 직접 시험한 바 있다. 이후 반 잔텐은 해당 기종의 책임 조종사 역할을 맡으며 뮤어스를 교육하고 평가하는 업무까지 동시에 수행했다.

문제는 그들의 비행기와 팬암Pan Am 항공의 비행기가 이륙 준비를 하던 시점에 벌어졌다. 활주로에서 이륙 준비를 마친 반 잔텐은 곧바로 속도를 높여 전진하기 시작했다. 그때 뮤어스가 기장에게 신호를 보냈다. 속도가 너무 빠르다는 의견이었다. 아직 관제탑에서는 이륙 허가가 떨어지기도 전이었다. 반 잔텐은 짜증 섞인 목소리로 대답했다.

"나도 알아. 어서 관제탑에 허가 요청이나 해."

뮤어스는 곧바로 관제탑에 무선 연락을 취했다.

"KLM은 이륙 준비가 끝났으며 허가가 떨어지기만을 기다리고 있다."

그러자 관제탑에서는 이륙 이후 경로를 구체적으로 읊기 시작했다. 분명 '이륙'이라는 단어를 쓰긴 했지만, 그렇다고 해서 '이륙 허가'를 내준 건 아니었다. 뮤어스가 관제탑에 다시 연락해 교신 내용을 확인하려는 순간, 반 잔텐이 교신 상황을 가로채며 관제탑에 일방적으로 통보했다.

"이륙합니다."

기장의 단호한 어조에 뮤어스는 어떤 문제도 제기하지 못했다. "이륙 허가가 떨어질 때까지 기다려야 합니다!"라는 말이 목구멍까지 차올랐지만 결국 내뱉지 못했다.

한편 KLM 비행기가 이륙을 시작한 시점에 관제사는 팬암 측과 교신하고 있었다.

"활주로에서 벗어나면 보고하라."

팬암 기장은 "네, 활주로에서 벗어나면 보고하겠습니다"라고 응답했다. KLM 여객기에서 이 내용을 듣던 슈뢰더는 반 잔텐에 게 물었다.

"팬암 여객기가 아직 활주로를 벗어나지 않은 것 같은데요?"

이때도 역시 반 잔텐은 단호하게 대답했다.

"아니, 벗어났어."

그러고는 아랑곳하지 않고 이륙 절차를 계속 밟아나갔다.

그 순간 슈뢰더 역시 말문이 막히고 말았다. 팬암 여객기가 아직 활주로를 벗어나지 않았다면 KLM 여객기는 진로 방해를 받을 것이다. 하지만 쏘아붙이는 듯한 기장의 말투에 감히 반박할 용기를 내지 못했다. 물론 슈뢰더가 관제탑과 교신해 상황을 다시 확인할 수도 있었다. 이를테면 "팬암 여객기가 아직 활주로에 있습니까?"라는 식으로 말이다. 하지만 그렇게 하지 않았다. 완전히 입을 닫아버렸다.

슈뢰더의 침묵은 그들 간에 심리적 안정감이 결여되어 있었다는 신호로 판단된다. 심리적 안정감이 보장된 조직이었다면 상사의 잘못된 지시에 적절히 대응하거나 불확실한 상황에서 각종 내용을 관제탑에 확인하는 일이 '습관'처럼 몸에 배어 있을 것이 분명했다.

결국 상황을 돌이키기에는 너무 늦어버렸다. 반 잔텐과 뮤어스, 슈뢰더가 팬암 여객기를 발견했을 땐 속도를 늦출 수 없는 지경이었다. KLM 여객기의 왼쪽 엔진과 기체 하부, 주요 착륙장치가 팬암 여객기의 오른쪽 상단부와 충돌해 산산조각 났다. 이후 벌어진 일은 우리가 아는 그대로다.


## 문제 제기에 대한
## 기대감을 형성하라

테네리페 공항 참사는 목숨이 위태로운 절체절명의 상황에서조차 수직적 위계질서가 조직을 어떻게 갉아먹는지 단적으로 보여준다. 결국 부기장과 항공기관사는 기장의 권위에 대항하지 못한 죄로 목숨을 잃었다. 그들뿐만이 아니다. 583명의 안타까운 목숨도 조직의 불협화음에 의해 희생당했다.

이처럼 문제 제기가 당연해 보이는 상황에서도 우리는 문제 제기의 혜택과 그로 인한 손실을 머릿속에서 저울질한다. 여기서 심각한 점은 문제 제기로 인한 혜택은 한참 후에야 나타나는 반면(비행기의 충돌을 피하는 상황), 그로 인한 손실은 즉각적으로 내게 영향을 미친다는 사실이다(반 잔텐의 짜증 섞인 반응과 분노). 그리고 이는 곧 테네리페 참사와 같은 재난으로 이어지고 만다.

이쯤에서 우리는 '용기'라는 말에 대해 다시 한번 생각해볼 필요가 있다. 부하 직원이 문제를 제기할 때는 당연히 엄청난 용기가 필요하다. 그렇기에 심리적 안정감이 보장되지 않은 상태에서 "부당한 일에는 언제든 허심탄회하게 얘기하세요"라고 말하는 건 허공에다가 대고 외치는 것에 불과하다. 문제를 제기할 수 있는 여건은 만들지 않고 단순히 용기 있게 행동하기만을 원하는 것은 '모든 책임을 개인에게 전가하겠다'는 두렵고 불안한 신호로 작용한다.

조직 내에서 문제 제기가 일상화되려면 심리적 안정감과 함께 문제 제기가 통할 거라는 기대가 제도적으로 뒷받침되어 있어야 한다. 이후 테네리페 공항 참사는 비행기 조종사 훈련 방식에 상당한 영향을 끼쳤다. 무엇보다 조종사들의 의사결정 과정이 획기적으로 변했다. 조종사들은 뭔가 잘못된 상황이 감지될 때마다 적극적으로 자신의 의견을 피력하라고 훈련받는다. 또한 기장은 부기장이나 승무원의 의견에 귀 기울이도록 교육받는다. 이러한 지침은 오늘날 모든 조종사의 교육 자료로 활용되는 '승무원 자원 관리 프로그램CRM'의 기초가 되었고, 점차 의료산업

으로까지 확대돼 분만실 산모와 신생아의 안전은 물론이고 환자
와 의료진의 만족도 향상에도 기여하고 있다.

| CASE STUDY |

# 허물없는 소통의 힘
## - 허드슨강의 기적

"새다, 새!"

체슬리 슐렌버거Chesley Sullenberger III 기장이 다급히 소리쳤다.

"헉!"

그 순간 제프리 스카일스Jeffrey Skiles 부기장도 얼어붙었다. 이 작고 가녀린 생명체가 대참사를 초래한다는 사실을 너무도 잘 알고 있었기 때문이다.

쨍한 찬바람이 코끝을 스치던 2009년 1월의 어느 날, 막 이륙을 한 비행기가 맨해튼의 900미터 상공에 다다르고 있었다. 기내에 있던 슐렌버거 기장과 스카일스 부기장은 이날 처음 만난 사이였다. 두 사람은 모두 베테랑 조종사였고 조종실 통신에도 능숙했다.

슐렌버거가 정면에서 기러기 떼를 발견한 순간, 단 몇 초 만에 '픽!' 하는 소리가 났다. 비행기 엔진 사이로 새들이 빨려 들어간 것이다. 이내 깃털과 살점 타는 냄새가 진동했다. 승객 155명의 목숨이 두 조종사와 승무원, 관제사의 손에 달려 있었다. 주어진 시간은 단 4분, 찰나의 대처가 모든 이의 운명을 좌우하는 절체 절명의 순간이었다.

되돌아갈 수도 나아갈 수도 없는 상황에서 이들은 결국 강 위에 불시착한다는 초강수를 두었다. 결과는 어땠을까? 놀랍게도 단 한 명의 사망자 없이 무사히 착륙할 수 있었다. 앞서 본 '테네리페 공항 참사'와 달리 '허드슨강의 기적'을 탄생시킨 원동력은 무엇이었을까?

물론 조종사들의 철저한 훈련과 탁월한 기량, 여기에 운도 한몫했을 것이다. 그런데 여기에는 또 다른 비밀이 숨어 있다. 지식 기반 사회에서 꼭 필요한 역량, 바로 두려움 없이 의사소통하는 근무 환경이다. 조직에서 솔직한 의사소통이 가능해지면 복잡하고 어려운 의사결정도 쉽고 빠르게 처리할 수 있다. 당연히 심각하거나 참혹한 결과로도 이어지지 않는다.

## 빠른 판단을 돕는
## 짧고도 명료한 대화

앞서 우리는 다양한 사례를 통해 아무리 짧고 간단한 의사소통도 심리적 안정감이 결여되어 있을 때 얼마나 쉽게 좌절될 수 있는지를 살펴보았다. 의사의 처방 실수를 지적하려던 간호사는 과거의 경험이 떠오르자 쓸데없이 의사를 괴롭히는 꼴이 될까 봐 입을 다물어버렸다. 부기장과 항공기관사는 기장의 권위에 대항하지 못하고 승객 수백 명과 함께 목숨을 잃었다.

같은 맥락에서 허드슨강의 기적을 만들어낸 조종실의 대화는 보다 더 주의 깊게 들여다볼 필요가 있다. 비록 극한의 위기 상황이었지만 이들의 대화는 거침 없었다. 솔직하고 안정적이었으며, 과감하고 침착했다. 이들을 영웅으로 만든 건 결국 심리적 안정감이 보장된 근무 환경이었다.

기러기 떼가 미국 US항공 1549편에 충돌한 건 그들이 뉴욕 라과디아 공항을 이륙한 지 불과 90초 만이었다. 충돌 즉시 엔진 두 개가 모두 작동을 멈췄다. 동시에 양쪽 엔진에 결함이 생기는 건 매우 이례적인 일이어서, 자동 경보 시스템조차 작동하지 않았다. 조종실 모니터에는 아무런 지침이나 설명도 뜨지 않았다.

이 역시 유례를 찾기 힘든 매우 드문 일이었다.

　정책상 예상 밖의 상황에서는 '상식선에서 현명하게 판단하여 대처하라'는 지침이 조종사에게 떨어진다. 즉, '재량껏 알아서 하라'는 뜻이다. 충돌 즉시 슐렌버거 기장은 스카일스 부기장의 권한을 모두 가져오는 대신 그가 착륙에 필요한 장비를 효과적으로 챙길 수 있도록 권한을 분임했다. 슐렌버거의 자리에서는 왼쪽 창 너머로 도시 전체와 조지워싱턴대교의 모습이 한눈에 들어왔고(스카일스 자리에서는 거의 보이지 않는 풍경이었다), 슐렌버거는 또한 비상 상황에서 스카일스가 얼마나 각종 조치에 능숙한지를 이미 알고 있었다. 슐렌버거는 조종실의 모든 책임을 자신에게 가져왔지만, 한편으로는 스카일스에게 모든 착륙 준비를 일임했다고도 볼 수 있다.

　슐렌버거는 우선 조종실의 암호를 사용하여 계기판을 작동시켰다. 직감적인 판단이었지만 꽤 타당한 결정이었다.

　"지시대로 움직이겠습니다."

　스카일스는 슐렌버거의 지시에 즉각적으로 응했다. 짧지만 아주 명료한 대화였다. 그들 사이에는 어떠한 망설임도, 두려움도 없었다. 의견이 맞지 않아서 생기는 다툼이나 사과도 없었다. 슐렌버거는 CRM 프로그램에서 조종사들을 수년째 교육해온 베테랑 교관이었고, 이 프로그램은 구성원 간의 긴밀한 의사소통을 비롯해 리더십과 단호한 의사결정을 중시했다. 더욱 다행인 건 슐렌버거와 스카일스 모두 자신들의 근무 환경이 심리적으로 안전하다고 믿었다. 사고 직후 슐렌버거는 곧장 롱아일랜드 관제탑의 패트릭 하튼Patrick Harten 관제사와 교신했다.

"메이데이, 메이데이, 메이데이."

슐렌버거는 조난 발생 시 사용하는 무전 신호를 보내며 새 떼와 충돌해 라과디아 공항으로 회항하겠다고 말했다. 하튼은 곧바로 라과디아 관제탑에 소식을 알려 비상착륙 준비를 요청했다.


## 솔직함이
## 갈등을 최소화한다

한편 엔진 가동을 하고자 했던 스카일스의 시도는 번번이 실패했다. 비행기의 고도가 너무 낮은 탓이었다.

"시동이 안 걸립니다!"

스카일스는 비행 속도를 지적하며 슐렌버거에게 보고했다. 이에 수긍한 슐렌버거는 잠시 생각에 잠겼다. 회항을 계속 시도하는 게 나을지, 아니면 강 위에라도 착륙하는 게 나을지 득실을 따졌다. 하튼은 재차 관제탑 근처 공항으로 회항하라고 지시했지만 그때마다 슐렌버거는 불가능하다는 대답만 반복했다. 결국 그는 위험을 감수하고서라도 허드슨강에 착륙하기로 결심했다. 인구 밀집도가 높은 뉴욕의 특성상 육지에 착륙한다면 상당한 인명 피해가 예상됐다. 당시로서는 이 방법이 최선이었다.

하튼은 어안이 벙벙해졌다. 강 위에 착륙하면 두 조종사의 목숨은 불 보듯 뻔했다. 그러나 이내 그는 침착한 어조로 슐렌버거에게 교신 내용을 반복해달라고 요청했다. 전달한 내용에 정확성을 기하기 위한 정식 절차였다. 앞서 살펴본 테네리페 참사에서는 반 잔텐 기장이 이륙 허가를 내지 않은 관제탑의 교신 내용을 오인한 채 안개로 뒤덮인 활주로를 내달렸다. 그러다가 팬암 여객기와 결국 충돌하고 말았다. 의사소통 과정에서 발생한 사소한 오해가 수백 명의 무고한 희생으로 이어진 것이다. 그러나 하튼은 철저하게 훈련받은 인물이었다.

하튼과 교신한 지 채 1분도 지나지 않아 조종실에서는 승무원과 승객에게 상황을 알렸다. 이번에도 슐렌버거는 최대한 조심스럽고 구체적으로 상황을 설명했다. 다만 수상 착륙을 준비하고 있다는 내용은 승무원들에게 전하지 않았다. 이 사실을 알게 된 승무원들이 구명조끼 착용법을 설명하느라 시간만 낭비할게 뻔했기 때문이다. 슐렌버거는 직접 마이크를 잡았다.

"승객 여러분, 기장입니다. 충격에 대비하시기 바랍니다."

이후 세 명의 승무원이 승객들을 향해 다리를 붙잡으라고 외쳤다. 비상착륙을 할 때 지켜야 할 기본 지침이었다. 슐렌버거는 그 순간 고도를 낮춰 착륙을 시도했다. 스카일스는 고도와 속력을 반복해서 크게 외쳤다.

심한 흔들림은 피할 수 없었지만 완벽한 착륙이었다. 희생자는 단 한 명도 없었다. 그야말로 기적이었다. 일부 승객이 부상을 입긴 했지만 대부분 경미한 수준이었다. 이후 강변에서 대기하고 있던 구조용 선박이 모든 승객을 신속하게 구조했다. 구조가 지연돼 저체온증을 보인 승객은 단 한 명도 없었다.

기장과 부기장 그리고 관제사와 승무원 사이에 오간 대화는 몇 마디뿐이었다. 그렇다면 어떻게 이 짧은 대화로 이토록 놀라운 결과를 만들어냈을까?

혹자는 대개 구성원들이 솔직하고 분명한 태도를 보이면 이들의 대화가 교착상태에 빠지기 쉽다고 우려한다. 그러나 꼭 그렇지만은 않다. 이 사건에서 우리가 주목해야 할 점도 바로 여기에 있다. 심리적으로 안정된 분위기라고 해서 대화가 한없이 늘어지지는 않는다는 것이다. 오히려 여러 팀의 회의를 관찰해본 결과 심리적 안정감이 낮을수록 논쟁이 발생할 가능성이 높고, 대화나 회의에 필요 이상으로 많은 시간이 소모되는 것으로 나타났다.


## 목소리를 내는 것만으로도
## 상황은 바뀐다

이 사례는 우리에게 무엇을 시사할까? 심리적 안정감이 최고의 성과로 이어지기 위해서는 평소 구성원에 대한 학습과 훈련이 매우 중요하다는 사실이다. 이 같은 맥락에서 하튼의 대처 방식도 무척 탁월했다.

당시 하튼은 필수적인 몇 가지만 질문하여 불필요한 시간 낭비를 줄였다. 또한 관제탑의 전화선을 조종실로 연결해 서로의 대화를 듣게 하면서 관제실의 상황을 다시 조종실에 전달하는 시간을 아꼈다. 훗날 슐렌버거는 하튼의 대처 방식에 관해 이렇게 언급했다.

"하튼은 내 결정을 충분히 이해했고, 관제사로서 자신의 지시가 어떠한 도움도 되지 않는다는 걸 잘 알고 있었죠."

두 조종사는 여객기 운항과 관련해 각종 프로토콜과 절차를 제대로 숙지한 이들이었다. 이와 함께 CRM과 위기 및 오류 관리$^{TEM}$에도 매우 익숙했다. 이 두 프로그램은 조종사들의 사고 방식과 의사결정 방식을 훈련하는 데 집중하며, 특히 CRM은 앞서도 살펴보았듯 심리적으로 안전한 근무 여건을 조성하는 데 특화된 과정이다. 잘 훈련된 구성원의 역량에 더해 당시에는 이처럼 '침묵'이 오히려 제 역할을 톡톡히 했다. 이는 두려움에서 비롯된 숨죽인 고요함이 아니다. 오히려 심리적 안정감이 충만하여 서로 '말하지 않아도 아는 지경'에까지 오른 상태다. 슐렌버거와 스카일스는 일촉즉발의 상황에서 각자의 역할에 집중했고, 동시에 같은 팀으로서 서로의 업무에 도움이 될 수 있는 방법을 예의 주시했다.

혹자는 허드슨강의 기적을 두고 비상시 프로토콜이 제대로 작동한 결과일 뿐 심리적 안정감이나 팀워크와는 아무런 연관이 없다고 주장한다. 하지만 조종사들의 여객기 운항이나 의료진의 수술 과정처럼 모든 프로토콜이 철저하게 확립된 상황일지라도 늘 그것이 제대로 작동하는 건 아니다. 심리적 안정감이 결여된 조직에서는 대인관계 위험이 도사리고 있는 탓에 사소한 문제도 선뜻 꺼내놓을 수가 없다. 그래서 개인의 침묵과 주저함이 어떤 결과를 낳을지 쉽게 예상하지 못한다.

이렇듯 심리적 안정감은 비상시 프로토콜이 제대로 작동하기 위한 전제 조건이 되기도 하다. 누군가 목소리를 내는 것만으로도 상황은 얼마든지 바뀔 수 있다.

2장

# 두려움 없는 조직은 무엇이 다른가?

# 심리적 안정감을 구축하는
# 세 가지 방법

"상대방이 얼마나 똑똑한지는 대답을 보면 알 수 있다.
그러나 그 사람이 얼마나 현명한지는 질문을 보면 된다."

— 나기브 마푸즈Naguib Mahfouz[1]

미네소타주 미니애폴리스 아동병원의 COO(최고운영책임자)로
줄리 모라스Julie Morath가 부임했을 때 그의 목표는 단순했다. 입
원 환자의 안전을 100퍼센트 보장하는 것이었다.[2] 물론 목표 자
체는 간단해 보일 수 있다. 하지만 그 목표를 실현하는 일은 결
코 간단치 않았다.

어느 병원에서건 대부분의 의료진은 환자가 모든 실수나 위
험으로부터 완벽하게 안전하다고 생각하지 않는다. 문제는 어느
때고 발생할 수 있고, 대개는 그렇게 생긴 문제를 누군가의 탓으

로 돌려버린다. 그래서 모라스는 의료 과실을 줄이기 위해 의료진이 해당 과실을 적극적으로 보고할 수 있는 환경을 조성해야 한다고 생각했다. 이에 앞서 의료 과실이 언제, 어디서, 어떻게 일어나는지에 대한 구체적인 자료가 필요했다. 이를 확인해야만 미니애폴리스 아동병원의 안전을 강화할 새로운 방법을 찾을 수 있었다.

미니애폴리스 아동병원과 같은 3차 의료 기관의 업무는 매우 복잡하다. 우선 똑같은 환자가 단 한 명도 없다. 증상과 질환이 제각각이라 치료 방법도 모두 다르다. 더욱이 환자를 치료하는 일에는 각 분야의 여러 전문가가 모여 상호 보완하며 경과를 살핀다. 의료진이 서로 초면인 사이라도 말이다. 어떤 치료를 언제 제공할지 의사, 간호사, 약사, 임상연구자가 각기 다른 의견을 제시하기도 하지만, 환자의 안전을 지속적으로 보장하기 위해서는 서로 협력하는 자세가 무엇보다 중요하다.

하지만 그간 미니애폴리스 아동병원에는 '의료 과실은 어쩔 수 없는 일'이라는 인식이 지배적이었다. 어느 정도의 사고나 실수는 늘 있을 수 있는 일이라 여겼다. 애석하게도 의료진은 의료 과실에 대해 별로 대수롭지 않게 생각했고, 의료 과실의 원인을 병원 시스템이 아닌 개인의 부주의로 돌리는 경우가 많았다.

모라스는 이러한 현실이 개선되려면 '의료진의 인식'부터 바꿔야 한다고 생각했다. 먼저 의사나 간호사가 과실을 적극적으로 보고할 수 있는 환경을 조성해야 했다. 이를 위해 조직의 리더로서 몇 가지 도구와 연장을 꺼내들 필요가 있었다.

토대 만들기 → 참여 유도하기 → 생산적으로 반응하기

모라스는 이 세 가지 단계를 통해 의료진의 인식과 태도를 완전히 바꿔나갔다.

## 1단계:
## 토대 만들기

COO 자리에 오른 모라스가 가장 먼저 한 일은 병원 내 관계자들에게 의료 서비스의 속성을 주지시키는 일이었다. 즉, '의료 서비스는 그 성질이 매우 복잡하므로 문제도 쉽게 발생할 수 있다'는 것이었다. 이와 함께 의료 과실에 민감하지 않은 의료진에게 의료 서비스의 부작용을 연구한 자료를 보여주었다. 동시에 그는 의료 과실의 발생과 조치에 관한 각종 용어를 바꾸어나갔다. 예를 들어 특정 부작용에 대해 '조사' 대신 '연구'라는 표현을 썼고, '실수' 대신 '사고'나 '실패'라는 단어를 쓰게 했다. 소소하지만 무척 중요한 방법으로 업무에 임하는 의료진의 인식 자체를 바꾸려고 노력한 것이다. 특히 문제가 발생했을 때 그것이 의미하는 바를 깊이 생각하도록 장려했다. 이 같은 방식은 곧이어 이 책에서 강조할 '업무를 바라보는 프레임 짜기'와 유사하다.

프레임, 즉 틀은 '실제로 일어난 상황'에 우리의 '가정과 믿음'이 합쳐져서 만들어진 결과다.[3] 우리는 특정 대상이나 상황을 보면 자동적으로 나만의 틀을 만든다. 그러고는 그 틀 안에 자신을 가둔다. 하지만 틀에 갇히면 이로써 야기되는 부정적인 결과를 바라보는 시야마저 차단된다. 예를 들어 '의료 과실은 누군가의 잘못이다'라는 틀이 머릿속에 짜여 있으면, 그 비난의 화살이 잘못한 자신이나 다른 개인에게 쏟아질까 봐 애써 과실을 외면하거나 묵인한다.

모라스가 병원 업무를 매우 복잡하고 오류가 발생하기 쉬운 일이라고 설파한 것도 '업무를 바라보는 틀'을 새로 짠 것이나 다름없다. 좀 더 정확하게는 틀을 재구성했다고 볼 수 있다. 모라스의 목표는 의료 과실이 '개인의 무능 탓'이라는 기존의 틀을 바꾸는 것이었다. 이러한 틀을 바꿔야 의료진은 비로소 '시스템'에 관해 논의하게 되고, 심리적으로 한층 안전한 상태에서 각종 문제나 사고, 위험에 문제를 제기할 수 있을 터였다.[4]

이와 함께 토대를 만드는 과정에서 모라스는 '목표 달성이 매우 시급하다'는 인식을 심어주었다. '100퍼센트 환자 안전'이라는 미니애폴리스 아동병원의 목표는 모든 의료진이 의료업계에

발을 들인 공통된 이유이기도 하다. 즉, '생명을 구한다는 초심'이다. 이는 한마음 한뜻으로 구성원이 연합하는 촉매제가 되어, 의료진이 여러 상황을 수시로 보고하고 분석하며 사고 발생률을 줄이기 위해 최선을 다하도록 하는 솔직한 의사소통의 토대가 되어주었다.

하지만 이러한 토대를 구축하는 것만으로는 두려움 없는 조직을 만들기에 충분하지 않았다.


## 2단계:
## 참여 유도하기

예상대로 신생아실 간호사든 외과 의사든 처음부터 솔직하게 의료 과실을 보고하지 않았다. 사고가 터지면 마치 다른 병동에서 벌어진 일인 것처럼 여기고 싶어 했다. 설령 사고는 언제든 발생할 수 있다고 치더라도 그 생각을 절대 겉으로 드러내지는 않았다. 스스로 완벽한 의료 서비스를 제공하고 있다고 확신하고픈 눈치였다.

모라스는 생각에 잠겼다. 다시 한번 귀에 딱지가 앉도록 의료 서비스의 특징을 되풀이해 의료진의 인식을 바꾸고 싶었다. 하지만 그는 다른 방법을 택했다. 이는 아주 간단하면서도 강력한 방법이었다. 바로 '질문'하는 것이다.

"이번 주에도 각자의 담당 환자들에게 자신이 원하는 만큼 안전한 의료 서비스를 제공했습니까?"[5]

모라스가 던진 이 질문은 예의를 갖추고 있으면서도 구체적이다. '이번 주', '각자의 담당 환자들' 등의 표현이 그렇다. 동시에 질문하는 사람의 호기심도 느껴진다. 여기서 흥미로운 점은 의료진에게 "실수나 문제가 있었나요?"라고 묻지 않았다는 점이다. 그 대신 '자신이 원하는 만큼의 안전'처럼 듣는 이의 의지를 북돋우면서도 한 번쯤 생각하게 만드는 표현을 썼다. 그러자 비로소 조직에 심리적 안정감이 싹트기 시작했다. 의료진은 자신이 연루되거나 목격한 문제에 대해 솔직하게 털어놓았다.

이후 모라스는 좀 더 체계적인 방식으로 직원들의 참여를 유도했다. 우선 '환자안전관리위원회[PSSC]'라는 팀을 만들었다. 이는 병원 내 여러 관계자가 복합적으로 참여하는 다기능 조직으로, 병원 곳곳의 목소리를 크고 분명하게 표현한다는 목적으로 세워졌다. 구성원은 각자의 관점과 생각이 왜 우리 조직에 필요한지를 구체적으로 설명할 수 있어야만 위원회에 가입할 수 있었다. 이렇게 구성된 환자안전관리위원회는 이른바 '비난 없는 보고'라는 새로운 정책을 도입했다. 의료진이 보고한 위험과 문제점에 대해 비밀을 보장하겠다는 약속이었다.

이러한 체계가 세워지자 의료진들의 문제 제기는 더욱 활발해졌다. 모라스는 이후 18개 포커스 그룹을 형성해 병원 내 모든 의료진이 각자의 경험과 생각을 공유하도록 했다. 포커스 그룹에 참여하면 무조건 자신의 의견을 발표해야 한다. 여기서는 침묵이 오히려 이상하게 느껴질 정도였다.


## 3단계:
## 생산적으로 반응하기

사실 문제 제기는 첫 단추에 불과하다. 심리적으로 안전한 근무 환경의 조성 여부는 구성원의 문제 제기에 '리더가 어떻게 반응하느냐'에 따라 결정된다. 문제를 제기하는 순간 화를 내거나 무시해버리면 어렵게 쌓은 토대는 금세 무너지고 만다. 성공하는 조직의 리더라면 구성원의 문제 제기에 존중을 표하고, 그 가치를 인정하면서 향후 대응 방향까지 제시해줄 수 있어야 한다.

모라스가 미니애폴리스 아동병원에 도입한 '집중분석회의FEA'를 예로 들어보자. 이는 의료 과실이 발생할 때마다 각 분과의 담당자들이 모여 실패의 원인을 분석하는 회의다. 여러 분야의 전문가가 모인 만큼 문제의 원인과 배경에 접근하는 방식도 제각각이다. 마치 장님이 코끼리를 만지는 격이다. 하지만 서로 자신이 옳다고 우기는 장님들과 달리, 이 회의의 목표는 누가 옳은지를 가리는 것이 아니다. 기존의 시스템을 개선해 향후 비슷한 의료 과실을 방지하자는 것이다.[6] 이는 '생산적인 반응'의 좋은 예라고 할 수 있다. 이와 함께 미니애폴리스 아동병원에서는 크고 작은 과실을 보고할 때 비난받지 않는다. 이 역시 '생산적으로 반응하기'의 일환이다. 병원 관계자들은 점차 비난하고 책망하는 감정보다 가치 있는 정보를 제공해준 동료에게 감사와 인정의 마음을 갖기 시작했다.

이번 장에서는 각 조직의 리더가 기본 토대를 구축하고, 참여를 유도하며, 생산적으로 반응함으로써 조직에 심리적 안정감을 조성하는 세 가지 단계를 알아볼 것이다. 얼마간의 연습과 노력만 병행한다면 누구나 이를 자유자재로 구사할 수 있다.

그림 2-1. **심리적 안정감을 구축하는 세 가지 실천 방안**

| | 토대 만들기 | 참여 유도하기 | 생산적으로 반응하기 |
|---|---|---|---|
| **리더의 역할** | **업무를 바라보는 프레임 짜기**<br>• 실패와 불확실성, 상호 의존에 관한 기대치를 설정하여 문제 제기의 필요성을 명확히 한다.<br><br>**목적 강조하기**<br>• 무엇이 중요하고, 무엇이 문제이며, 누구를 위한 일인지를 구분한다. | **상황적 겸손함 보여주기**<br>• 모르는 부분은 솔직하게 인정한다.<br><br>**적극적으로 질문하기**<br>• 좋은 질문을 한다.<br>• 경청하는 문화를 만든다.<br><br>**구조와 절차 만들기**<br>• 구성원의 제언을 위한 장을 만든다.<br>• 토론을 위한 지침을 제공한다. | **가치 인정하기**<br>• 구성원의 목소리에 귀 기울인다.<br>• 문제 제기를 인정하고 감사를 표한다.<br><br>**실패라는 오명을 제거하기**<br>• 미래 지향적인 태도로 바라본다.<br>• 필요한 도움을 제공한다.<br>• 다음 단계의 작업을 위해 적극적으로 논의하고 토론한다.<br><br>**규칙 위반 시 제재하기** |
| **성과** | 구성원 간에 조직의 기대치와 의미를 공유할 수 있다. | 개개인의 목소리가 중시된다는 확신을 얻을 수 있다. | 지속적인 학습을 위해 교육 기회를 제공할 수 있다. |

# 지금 당장
# '실패의 틀'부터 바꿔라

"나는 실패를 부추기는 게 아닙니다.
실패를 통한 학습을 지지하는 것이죠."

– 아스트로 텔러<sup>Astro Teller</sup>[7]

문제에 직면한 상황에서 구성원은 공통의 목표를 달성하기 위해 힘을 합쳐야 한다. 이때 출발점은 심리적 안정감을 조성하기 위한 기본 토대를 구축하는 일이다. 토대를 구축하기 위해 가장 중요한 일은 '업무를 바라보는 프레임'을 새로 짜는 것이다. 만약 결함 없이 완벽한 자동차를 생산해야 하는 공장에서라면, 공장장의 업무는 각 조립 공정이 완료되기 전까지 사소한 결함을 모두 잡아내 이를 바로잡도록 조치하는 일이다. 작업 환경이 매우 열악한 백금 광산에서라면 광부의 사망률을 0퍼센트로 줄이기 위해 광산 관리자는 작업자의 신체적 안전을 최우선 목표로 삼아 이를 달성하고자 노력해야 한다. 또한 새로운 치료법의 개발이 목표인 조직에서라면 새로운 가설을 개발하도록 적극적으로 독려하고, 그 과정에서 설사 가설이 잘못됐다고 해도 전혀 문제될 게 없음을 인지시켜야 한다.

이같이 업무의 프레임을 새로 잡는 과정에서는 실패를 재정의하고 문제 제기의 필요성을 명확히 하는 절차가 필요하다.

## 구글은 왜 실패한 팀에
## 보너스를 주는가?

실패를 보고하기 두려워하는 문화는 심리적 안정감이 낮은 조직에서 발견되는 흔한 현상이다. 따라서 리더가 실패를 어떻게 바라보느냐가 조직의 심리적 안정감을 형성하는 데 중요한 요소가 된다. 이쯤에서 구글 X의 사례를 살펴보자. 구글 X는 구글의 모기업 알파벳Alphabet의 혁신 관련 자회사다. 이들의 목표는 좀 더 나은 세상을 만들기 위한 이른바 '문샷Moonshot' 기술을 개발하는 것이다.[8] 즉, 획기적인 기술을 상업화해 오늘날 전 세계가 직면한 주요 문제를 해결하고, 이를 통해 구글의 뒤를 이을 일류 기업을 세우는 데 혁신적인 돌파구를 찾겠다는 의미다.[9]

구글 X는 몇 년 전 바닷물을 상업적인 연료로 개발하는 '포그혼 프로젝트<sup>Project Foghorn</sup>'에 돌입한 바 있다. 아주 소량이지만 과학자들은 이미 바닷물을 연료로 변환하는 기술 개발에 성공했고, 이 프로젝트는 이를 대규모로 생산할 수 있는지를 확인하는 실험이었다. 그러나 2년 후 프로젝트는 '가격 경쟁력이 턱없이 낮다'는 결론을 도출하며 아무런 소득 없이 종료되고 말았다.

그렇다면 이후 포그혼 프로젝트에 참여한 팀원들은 어떻게 되었을까? 모두 해고되었을까, 아니면 얼마 동안 부끄러워 고개도 들지 못했을까? 결과는 정반대다. 이 프로젝트에 참여한 팀원 모두는 회사로부터 두둑한 보너스를 받았다.[10]

누군가는 실패한 직원에게 보너스를 주는 것이 문제라고 이야기할 수 있다. 하지만 그 원리를 자세히 들여다보면 구글의 운영 논리를 쉽게 파악할 수 있다. 구글 X의 CEO이자 문샷 프로젝트의 수장인 아스트로 텔러는 "위험 요소가 많은 대형 프로젝트에 구성원을 참여시키는 유일한 방법은 얼마든지 실패해도 좋은 환경을 먼저 구축하는 것이다. 발전 가능성이 전혀 없는 프로젝트에 몇 년씩 질질 끌며 돈을 퍼붓느니 그 실상을 정확히 파악하고 중단시킨 직원에게 그만큼 보상을 해주는 편이 낫다"라고 말했다.[11] 다시 말해 리더가 적극적으로 나서 심리적 안정감을 조성하지 않는 한 구성원은 본능적으로 실패를 피하고자 도전을 회피할 수밖에 없다는 뜻이다. 그렇다면 텔러는 심리적으로 안전한 환경을 만들기 위해 구성원의 실패를 어떻게 재정의했을까? 텔러의 생각은 다음의 언급에서 잘 나타난다.

"나는 실패를 부추기는 게 아니다. 실패를 통한 학습을 지지하는 것이다."

또한 그는 2016년 테드^TED 강연에서 '안전한 실패 전략'에 대해 다음과 같이 연설했다.

"그렇다고 무작정 빨리 실패하라고 소리치며 재촉해서는 안 됩니다. 직원들이 반발하죠. 또 걱정합니다. '실패하면 나는 어떻게 될까? 사람들이 비웃지는 않을까? 해고될까?' (…) 대담하고 거시적인 동시에 위험이 도사리는 프로젝트에 직원들을 참여시키면서 가장 중요한 문제부터 해결하도록 독려하는 유일한 방법은 그들이 저항하지 않는 방식으로 프로젝트를 운영하는 것입니다. 구글 X에서 소위 안전한 실패를 보장하는 것도 바로 이러한 맥락입니다. 가능성이 없어 보이는 아이디어는 증거가 확실해지면 곧바로 싹을 자릅니다. 그래야 보너스를 받으니까요. 동료들의 칭찬은 물론이고요. 더구나 상사들은 잘했다며 하이파이브를 하고 안아줍니다. 실패의 결과로 승진도 하죠. 이처럼 프로젝트를 중도 해체한 경우에는 팀원이 두 명이든 서른 명이든 모두에게 보너스를 지급합니다."[12]

물론 그렇다고 해서 구글 X가 막대한 투자 손실이 따르는 실패를 쉽고 가볍게 생각한다는 것은 결코 아니다. 이들은 애당초 가장 유망한 아이디어만을 선정해 프로젝트로 발전시킨다는 점을 분명히 공표해왔다. 아이디어가 도출되면 먼저 수석 매니저와 개발자들로 구성된 '신속한 평가 팀'의 검증을 거친다. 신속한 평가 단계를 통과하는 아이디어는 극소수에 불과하다.[13] 이렇게 큰 산을 넘은 아이디어라도 '파운드리Foundry'라는 제2의 사업운영팀의 손으로 넘어가 '이 솔루션이 반드시 존재해야 하는가?', '제안된 솔루션을 제공하는 다른 기업은 없는가?', '해당 솔루션을 개발한다면 실제로 사람들이 이용할 것인가?' 등의 실질적인 질문을 통해 아이디어의 실현 가능성을 다시 한번 점검해야 한다.

실패를 존중하는 구글 X의 기업문화는 여기서 또 한 번 빛을 발한다. 파운드리 단계를 통과하지 못한 아이디어를 본사에 전시하는 것이다.[14] 2016년 11월부터는 매년 기념식도 개최해 해당 프로젝트의 담당자가 직접 실패의 과정을 생생히 묘사해준다(이들은 프로젝트뿐만 아니라 동료 관계나 개인적인 실패의 경험을 이야기하기도 한다). 직원들은 중도 탈락한 프로토타입(시제품)이 전시돼 있는 공간을 둘러보며 프로젝트 각각의 의미를 되새기고, 마음 한구석에 묻어두었던 실패에 대한 두려움과 아쉬움을 말끔히 털어낼 수 있다.[15]

실패의
세 가지 유형

2014년 텔러는 BBC 뉴스에 출연해 실패에 관한 자신의 생각을 밝혔다.

"진짜 실패는 뭔가를 시도해보고 그것이 효과가 없다는 걸 알면서도 계속하는 것입니다."[16]

그의 말을 통해 우리는 '실패'의 참뜻을 이렇게 정의해볼 수 있다.

진정한 실패는 실패를 통해 아무것도 배우지 않는 것이다.
진정한 실패는 실패하는 게 두려워 온전한 위험을 감수하지 않는 것이다.

구글 X에서는 실패를 항상 강조하기 때문에 '성공'에 대해서는 거의 언급하지 않는다. 대신 이들은 '실패에 실패하는 것'을 경고한다.[17] 또한 성공적인 실패는 일종의 예술이라고 여긴다. 구글 X의 사례를 토대로 생각해봤을 때 결국 리더가 적극적으로 나서서 안전하게 실패할 수 있는 환경을 조성하지 않는 한, 실패를 피하려는 사람들의 노력은 달리 막을 방법이 없다.

P&G 전 회장 A. G. 래플리[A. G. Lafley]는 자신이 CEO로 재직할 당시 겪었던 11건의 실패를 엮어 『게임 체인저』를 출간했다. 실

패한 제품에 어떤 가치가 있었는지, 이로부터 어떤 교훈을 얻었는지를 구체적으로 기술한 책이다.[18] 픽사Pixar의 공동창업자 에드윈 캣멀Edwin Catmull도 마찬가지다. 그는 늘 제작진을 향해 "제작 초기부터 완벽한 영화는 단 한 편도 없다"라고 강조하며 그들이 '두려움'과 '실패'를 분리해 생각하도록 지원했다.[19] 즉, 엄청난 흥행을 보장하는 성공작으로 거듭나기 위해 '제작 초기 단계에서의 부족함은 스스로 인정하고 받아들여야 한다'는 프레임을 리더로서 분명히 인지시킨 셈이다(픽사의 사례는 3장에서 더 자세히 다룰 예정이다).

산업 전반에서 '실패'는 실제로 매우 중요한 역할을 한다.[20] 산업 전체를 하나의 스펙트럼으로 봤을 때 양극단에 위치한 산업부터 살펴보면 이해가 쉽다.

먼저 다량의 반복적인 업무를 수행하는 신장 투석 센터, 자동차 조립 공장, 패스트푸드 체인점의 경우를 보자. 만약 환자에게 투석기기를 잘못 연결하거나 에어백 설치 과정에서 실수가 발생한다면 이는 치명적인 결과로 이어질 수밖에 없다. 햄버거에 패티를 빠뜨린 채 양상추만 두 장 올리는 실수도 누군가의 분노를 유발할 수 있다. 따라서 이런 종류의 업무에서는 오류나 결함을 잡아내는 일이 무엇보다 중요하다. 조직의 리더는 실수를 발견한 상황 자체를 다행이라 여기며, 사소한 실수도 관찰력 있게 잡아낸 구성원을 격려하는 분위기를 형성해야 한다.

스펙트럼의 반대쪽 끝은 혁신과 연구가 중심이 되는 분야다. 영화 제작이나 의류 디자인, 해수를 연료로 만드는 기술 프로젝트도 이에 해당한다. 이런 분야에서는 안전하게 실패할 수 있는 분위기가 가장 중요하다. '참혹한 실패'가 '창의적인 성공'을 이끄는 유일한 수단과 방법이기 때문이다.

병원이나 금융 기관 등 거의 모든 산업이 속해 있는 스펙트럼의 가운데 영역에서는 예방 가능한 실패를 막거나 창조적인 실패를 장려하는 데 구성원 개개인의 경계심과 주의력, 팀워크가 모두 필요하다.

이때 '실패의 종류'를 이해하면 조직의 생산성을 향상시키는 실패를 재정의해볼 수 있다. 실패의 유형은 크게 세 가지, '예방 가능한 실패', '복합적 실패', '창조적 실패'로 구분되고,[21] 이를 각각 해석하는 과정에서 실패를 다시금 정의하는 것이다.

먼저 예방 가능한 실패는 규정된 절차를 지키지 않아 부정적인 결과를 초래하는 유형이다. 예를 들어 공장 근로자가 보안경을 쓰지 않아 눈을 다친 경우가 이에 속한다. 다음으로 복합적 실패란 여러 가지 요소가 복합적으로 작용해 이전과는 전혀 다른 방식의 피해를 야기하는 유형이다. 2012년에 발생한 초대형 허리케인 샌디Sandy로 뉴욕 월가의 모든 지하철역이 물에 잠긴 상황이 대표적이다. 늘 그런 건 아니지만 이 역시 철저하게 대비

한다면 어느 정도 피해갈 수 있는 유형이다. 예방 가능한 실패나 복합적 실패는 결코 환영받지 못하는 실패의 유형으로 '좋은 실패'라고 볼 수 없다.

이와는 대조적으로 창조적 실패는 그 이름처럼 적극적으로 권장되어야 한다. 앞선 두 가지 실패 유형과 마찬가지로 이 역시 실패는 실패인지라 누구든 피하고 싶어 하긴 마찬가지다. 한 가지 차이가 있다면, 창조적 실패는 '새로운 도전의 결과'라는 것이다. 그림 2-2는 각 실패의 정의와 원인, 발생 가능성이 높은 분야에 대해 구체적으로 설명한다.

심리적 안정감의 토대를 구축하는 데 중요한 것은 실패가 언제든지 일어날 수 있는 일이라는 걸 조직 구성원에게 인지시켜주는 일이다. 좋은 실패도, 나쁜 실패도 늘 발생할 수 있으며 '어떤 실패를 했느냐'가 아니라 '실패에서 어떤 교훈을 얻었느냐'를 늘 주시해야 한다.


## 격동하는 사회에서
## 가장 이상적인 리더는?

실패를 재정의했다면, 이제는 어떻게 해야 직원들이 두려움 없이 실패할 수 있는지를 알아볼 차례다. 이를 위해 리더는 '불확실성', '상호의존성', '문제의 핵심'이라는

그림 2-2. **실패의 종류**[22]

| | 예방 가능한 실패 | 복합적 실패 | 창조적 실패 |
|---|---|---|---|
| 정의 | 규정된 절차를 지키지 않아 부정적인 결과를 초래하는 유형 | 예기치 못한 여러 가지 요소가 복합적으로 작용해 원치 않는 결과를 초래하는 유형 | 새로운 도전으로 인해 원치 않는 결과를 초래하는 유형 |
| 주된 원인 | 행동, 기술, 집중력 등의 부족 | 복잡성, 가변성, 익숙한 상황 등에 부과된 새로운 요소 | 불확실성, 실험, 위험 감수 |
| 서술적 표현 | 절차적 이탈 | 시스템 오류 | 성공하지 못한 시도 |
| 주로 발생하는 분야 | 제조업 생산라인, 패스트푸드 체인, 공공 서비스 | 병원, 왕복우주선 및 항공기 개발, 원자력발전소 | 신약 개발, 신제품 디자인 |

세 가지 요인을 구성원들에게 알려줄 필요가 있다.

먼저 '불확실성'에 대한 인식을 강화하면 구성원은 변화의 지표에 민감하게 반응할 수 있다. 새로운 시장에서 고객의 선호를 파악하거나, 약물 투여 시 환자의 반응을 살피고, 신기술의 효과를 신속히 시험해보는 과정이 이를 통해 구현된다.

두 번째로 '상호의존성'을 강조하면 각 구성원이 서로의 임무가 모두 연결되어 있음을 깨닫는다. 그로 인해 대화를 자주 나누며 각자 맡은 업무가 서로에게 영향을 준다는 걸 이해하게 된다.

마지막으로 '문제의 핵심'을 명확히 하는 일도 중요하다. 예를 들어 병원이나 광산, 나사NASA 등의 기관에서 '사람의 생명이 걸려 있다'는 사실을 중요하게 인지시키면, 인간관계에 따른 두려움과 침묵의 위험을 어느 정도 극복할 수 있다. 연구실에서는 생각만큼 실험의 결과가 좋지 않아도 아무런 제재가 없을 거라는 확신을 통해 더 적극적으로 도전할 수 있는 동력을 얻게 된다. 이런 환경에서는 다소 평범하지 않은 의견도 스스럼없이 내놓을 수 있고, 어떤 것부터 실험해보면 좋을지 구성원이 직접 능동적으로 의사를 결정하기도 한다.

하지만 이 모든 요소보다 더 중요한 건 '리더의 역할'을 재정의하는 작업이다. 그림 2-3은 리더의 역할에 대한 구성원의 생각을 기존 프레임과 신규 프레임으로 나눠 비교했다. 지금껏 리더는 정답을 갖고 있는 사람, 지시하는 사람, 그리고 지시의 결

그림 2-3. **리더의 역할 재정의**

|  | 기존 프레임 | 신규 프레임 |
|---|---|---|
| **리더** | • 정답을 갖고 있음<br>• 지시를 함<br>• 직원의 성과를 평가함 | • 방향을 설정함<br>• 직원의 의견을 수렴해 전략을 수립하고 개선함<br>• 지속적인 학습 환경을 조성해 목표를 성취함 |
| **직원** | • 지시받은 내용을 수행함 | • 중요한 지식과 통찰력으로 회사에 기여함 |

과와는 상관없이 그 내용을 평가할 수 있는 사람으로 인식되어 왔다. 이러한 프레임에서는 리더를 제외한 모든 직원이 그저 주어진 지시에 순응하는 '부속품'에 지나지 않는다. 모든 문제의 정답도, 직원들의 업무를 평가하는 절대적인 권력도 전부 한 명의 리더에게 집중되어 있기 때문이다. 조직 전반에 두려움이 만연할 수밖에 없다.

반면 새로운 프레임에서는 심리적으로 안전한 근무 환경이 꼭 필요하다는 논리가 강조된다. 이 프레임에서 리더는 업무의 방향을 설정하고, 직원들의 생각과 의견을 수렴해 설정된 방향을 강화하는 역할을 맡는다. 또 직원들이 지속적으로 학습할 수 있는 환경을 조성해 목표를 성취할 수 있도록 이끈다. 다음의 폭스바겐Volkswagen과 후쿠시마 제2원자력발전소의 사례를 통해 리더의 역할에 따른 조직의 흥망을 더 자세히 비교해보자.


## 폭스바겐은 어쩌다
## 돌이킬 수 없는 강을 건넜을까?

2015년 5월, 폭스바겐 그룹은 모든 면에서 자부심이 넘쳤다.[23] 전년도 판매 기록이 1000만 대를 넘어서면서 '세계 최대의 자동차 회사'라는 타이틀을 얻었기 때문이다. 또한 독일을 이끄는 대표 기업으로 자리매김하면서 2008년 글로벌 금융위기 이후 실의에 빠진 독일 경제를 회복시켰다고 평가받는다. 2008년에 열린 LA 오토쇼에서는 '제타 TDI 클린디젤Jetta TDI Clean Diesel'이 '올해의 그린카'에 선정되면서, 78년 창립 역사상 가장 찬란한 시절을 보내고 있었다.

하지만 호사다마라고 했던가. 불과 몇 달 뒤 폭스바겐은 상상치도 못했던 스캔들에 휘말리게 된다. 미국 시장에서 기록적인 판매고를 올린 클린디젤 엔진의 배기가스 배출량이 설계 당시부터 조작된 정황이 포착됐기 때문이다. 독일 경찰은 증거를 확보하기 위해 볼프스부르크에 있는 본사를 압수수색했다. 이후 미국과 유럽연합도 전담 조사팀을 꾸려 철저한 진상조사에 나섰다. 클린디젤의 판매를 중단시킨 폭스바겐은 15년 만에 처음으로 1분기 적자를 기록했고, 하루아침에 시가총액의 3분의 1이 날아갔다. 2015년 9월 당시 CEO였던 마틴 빈터콘Martin Winterkorn은 모든 책임을 지겠다며 물러났지만 정작 각종 부정행위에 대해서는 전혀 몰랐다는 말로 혐의를 부인했다. 이와 함께 최소 아홉 명의 임원진이 정직되거나 해고당했다.[24]

해당 사건은 이른바 '디젤 게이트Dieselgate'로 불리며 한동안 세간을 떠들썩하게 했다. 미국과 독일의 검찰 조사 결과, 폭스바겐 관계자 40여 명이 관계 당국을 속이기 위해 구체적으로 공모한 정황이 드러났다. 미국환경보호청EPA이 요구한 특정 조건을 충족한 것처럼 교묘하게 눈속임을 하다가 적발된 것이다.

어떻게 이런 일이 발생했을까? 빈터콘이 CEO로 취임한 2007년으로 돌아가보자. 당시에 그는 아주 구체적이면서도 야심찬 목표를 세웠다. 10년 안에 미국 시장의 매출을 세 배 이상 끌어올려 경쟁사인 도요타Toyota와 제너럴 모터스General Motors를 제치고 세계 최대 자동차 회사로 우뚝 서겠다는 의지였다. 이러한 목표를 달성하기 위한 핵심 전략은 우수한 성능과 탁월한 연비를 내세운 '클린디젤카'였다. 그런데 한 가지 문제가 있었다. 디젤 엔진 차량은 가솔린 엔진 차량보다 이산화질소 배출량이 많아, 미국 정부의 환경 기준을 충족하지 못할 게 불 보듯 뻔했다.

이러한 상황에서 당시 폭스바겐의 수석 엔지니어 울프강 하츠 Wolfgang Hatz는 이런 말을 남겼다.

"캘리포니아 대기자원국CARB의 규제 요건은 비현실적이다. 이를 충족하고자 최선을 다하겠지만 불가능한 건 불가능하다."[25]

미국의 규제를 통과하기가 어렵겠다고 판단한 하츠는 팀을 꾸려 본격적인 작업에 돌입했다. 배기가스 배출 테스트 결과를 조작하기로 한 것이다. 이를 위해 테스트 차량에 불법 소프트웨어를 설치해 배출량을 조작했다. 테스트만 통과하면 클린디젤카로 인증돼 미국 시장 진출에 아무런 문제가 없을 터였다. 이들의 조작 방식은 개념상 아주 간단했다. 불법 소프트웨어를 통해 테스트 과정에서 바퀴 두 개만 작동하도록 설계한 것이다. 이 덕분에 클린디젤카는 미국 환경보호청의 이산화질소 배출 기준을 통과할 수 있었다. 하지만 이 소프트웨어가 실제 주행 중에도 작동한다면 성능과 연비가 대폭 떨어져 소비자로부터 외면받기 십상이었다. 폭스바겐은 테스트 통과 후 배기가스 제어 장치가 작동하지 않도록 조치해 법망을 교묘히 피했다(실제 주행에서는 바퀴 네 개가 물론 모두 움직이게 한 것이다). 그 결과 실제 주행에서는 기준치의 40배에 달하는 이산화질소가 배출되었다.[26]

이후 10년 동안은 세상의 모든 클린디젤카가 도로 위에서 별 탈 없이 굴러갔다. '문제의 장치' 덕을 본 폭스바겐은 당초 목표한 시기보다 4년 먼저 목표를 달성했다.[27] 그러다가 2013년 한 비영리단체에 의해 문제가 발각되었다. 이 단체는 웨스트버지니아대학교 산하 대체연료·엔진·배기가스센터와 캘리포니아 환경 당국의 손을 잡고 디젤 엔진 차량의 운행 방식을 연구하던 중이었다. 이들은 테스트 결과와 실제 주행 시 배기가스 방출량을 비교하면서 다양한 디젤 엔진 차량의 연비를 측정해보기로 했다. 여기에 폭스바겐의 클린디젤카가 포함돼 있었고, 연구가 시작된 지 얼마 지나지 않아 불법 소프트웨어의 존재가 수면 위로 드러났다. 미국 환경 당국의 진상조사가 진행되는 2년 동안 폭스바겐은 모든 혐의를 부인하며 은폐했지만, 결국에는 조작 사실을 인정할 수밖에 없었다. 조사 결과 무려 1100만 대의 디젤 차량에 불법 소프트웨어가 장착된 사실이 드러났기 때문이다.

과연 이 사태를 막을 방법은 없었던 걸까? 다수의 분석가는 사태의 책임이 CEO인 빈터콘에게 있다고 평가했다. 이와 관련해 뒤스부르크-에센대학교의 자동차학과 페르디난트 두텐회퍼Ferdinand Dudenhoffer 교수는 "폭스바겐에는 강력한 압박이 존재했다"라고 지적했다.[28] 독일의 일반적인 자동차 회사는 사내 감사회가 최고경영자를 통제하는데, 폭스바겐은 설립자인 포르셰Porsche 가의 친인척들이 감사회 전체 의석인 20석 가운데 4분의 1을 차지하면서 실질적인 감독 기구로서 제 기능을 하지 못했다는 것이다.[29]

빈터콘은 애초에 아주 거만한 데다가 사소한 것에 집착하는 완벽주의자로 정평이 나 있었다. 한 간부는 기자들에게 이런 말을 하기도 했다.

"대표님은 존경의 대상이기도 했지만 늘 두려움의 대상이었죠. 대표님이 오신다거나 결재를 받으러 갈 때는 맥박이 요동치곤 했어요. 좋지 않은 소식을 들고 가면 큰 소리가 나거나 모욕당하는 일이 다반사였으니까요."

또 다른 간부는 빈터콘이 도색 과정에서 1밀리미터도 안 될 만큼 아주 살짝 비껴간 걸 두고 담당자를 질책하거나, 생산된 차량 색깔이 경쟁사의 빨간색과 똑같지 않다며 불평한 적도 있었다고 전했다. 그러다가 2011년 프랑크푸르트 모터쇼에서는 빈터콘이 부하 직원에게 소리치는 모습이 유튜브를 통해 퍼지며 그의 신경질적인 면모가 세상에 드러나기도 했다. 당시 빈터콘은 폭스바겐보다 한 수 아래라고 여겼던 현대자동차가 소음 없는 핸들을 개발한 것을 보고 디자인 책임자인 클라우스 비숍Klaus Bischoff을 불렀다. "비숍!" 그러고는 마치 모든 책임이 그에게 있다는 듯 몰아세웠다. 빈터콘의 목소리에는 폭스바겐이 아직 개발하지 못한 기능을 경쟁사가 먼저 개발한 것에 대한 불만이 그대로 담겨 있었다.

이러한 빈터콘의 리더십은 결코 그냥 생겨난 것이 아니다. 그는 포르셰의 손자이면서 폭스바겐의 전 회장이자 최대 주주인 페르디난도 피에히Ferdinand Piech에게 일을 배우며 엄청난 영향을 받았다. 피에히는 선견지명을 가진 탁월한 엔지니어였지만, 이른바 '공포 정치'를 신봉하는 사람이었다. 전 크라이슬러<sup>Chrysler</sup> 임원인 밥 루츠<sup>Bob Lutz</sup>는 식사 자리에서 그와 나눈 대화를 들려주었다. 당시 폭스바겐에서 출시한 골프<sup>Golf</sup>를 극찬하던 루츠에게 피에히가 들려준 비법은 심리적으로 불안한 환경을 조성해 동기부여하는 방식이었다(이후 폭스바겐의 몰락 소식을 접한 루츠는 디젤게이트의 원인으로 피에히를 지목하기도 했다).

> "최고의 자동차를 만들어내는 방법을 알려드리죠. 엔지니어를 비롯해 모든 임직원을 회의실로 소집합니다. 그러고는 이렇게 선포하세요. '형편없는 구닥다리 모델은 이제 지겨워! 앞으로 6주의 시간을 줄 테니 세계적인 수준의 디자인을 뽑아오도록! 당신들 이름은 여기 다 있어. 6주 후에 제대로 된 게 안 나오면 모두 쫓겨날 각오해!'"[30]

폭스바겐의 사례는 매우 극단적이지만, 여전히 많은 기업이 폭스바겐과 같은 방식으로 굴러가고 있다. 빈터콘에게 부족했던 건 결코 윤리성이 아니었다. 혁신을 요구하는 '목표'에 적합하지 않은 '태도'가 문제였다. 디젤 엔진 기술을 이용해 세계 최대의 자동차 회사로 거듭나겠다는 목표는 구글 X가 '문샷' 기술을 통해 추구했던 바와 일맥상통한다. 하지만 폭스바겐의 기술은 환경 기준을 충족할 만큼 일정 수준에 도달하지 못했으며, 직원들은 이러한 기본적인 사실조차 윗선의 압박 탓에 감히 입 밖으로 꺼낼 수 없었다. 구글 X처럼 폭스바겐이 심리적으로 안정된 조직이었다면 경영진은 혁신의 실패를 얼마든지 수용해 회사의 전략을 수정했을 것이다.

과거에는 두려움이 조직의 성과 창출에 꽤 효과적이었을지 모른다. 하지만 변동성과 불확실성, 복잡성과 모호성이 공존하는 오늘날에는 지속적인 학습을 통해 변화의 추이를 제대로 파악한 조직만이 성공 가도를 달릴 수 있다. 리더는 이 점을 분명하게 깨닫고, 과거 산업혁명 시절에 머물러 있는 기존의 프레임을 의식적으로라도 바꿔야 한다.


## 쓰나미가
## 다이니 원전을 피해간 이유

업무를 바라보는 프레임을 바꾸는 것은 결코 리더가 한 번에 이룰 수 있는 일이 아니다. 위기 상황에서의 리더십을 말할 때 사람들은 대개 조지 패튼<sup>George Patton</sup> 장군 (제2차 세계대전 중 북아프리카, 시실리, 프랑스, 독일에서 전투를 지휘한 미국의 육군 장군으로, 노르망디 상륙작전에서 큰 활약을 펼쳤다)처럼 군사들을 통솔해 전쟁을 승리로 이끈 인물을 떠올린다. 하지만 꼭 명령하고 지휘하는 리더만이 훌륭한 리더로 평가받는 건 아니다. 특히 그 배경이 자연재해나 기술과 관련된 경우, 혹은 이 두 가지가 모두 연관된 경우라면 더욱 그렇다.

2011년 3월 동일본 대지진 당시 후쿠시마 제2원자력발전소(다이니Daini 원전)의 영웅 나오히로 마스다Naohiro Masuda 소장은 영웅적 리더십과는 거리가 먼 인물이었다. 그 역시 패튼 장군처럼 최선의 노력으로 수많은 생명을 위기에서 구해냈다. 하지만 그 방법에는 상당한 차이가 있었다. 가장 단적인 성과는 하루 만에 원자로 4기를 모두 안전하게 폐쇄하며 핵 물질이 공중과 바다로 유입되는 극단적인 상황을 막아낸 것이다.

그렇다면 마스다는 어떻게 이런 최악의 여건 속에서 최고의 성과를 달성한 것일까? 마스다는 직원들에게 명령하는 대신 '정보를 공유하는 방법'을 택했다. 지진 발생 후 직원들과 함께 비상대응센터에 대피해 있던 그는 원자로 4기 중 3기의 냉각 장치가 가동을 멈췄다는 연락을 받았다(다행히 원자로는 쓰나미에 붕괴되지 않고 버티고 있었다). 과열된 원자로가 냉각되지 못할 경우 핵 물질이 유출될 수 있는 매우 심각한 상황이었다.[31]

피해를 산정하고 원자로의 전력을 복구해 정상 가동시키려면 현장에 직접 가보는 게 최선이었다. 그러나 직원들은 이미 지진과 쓰나미를 겪으며 극도로 긴장한 상태였다. 마스다에게는 직원들의 심리적 안정감을 회복시키는 일이 최우선이었다. 그래서 그는 이것저것 명령하고 지시하는 대신, 화이트보드 앞에서 뭔가를 죽 써 내려가기 시작했다. 여진의 강도와 빈도, 각종 추정치, 시간의 경과에 따라 감소하는 위험도를 수치로 나타낸 도표 등이었다. 당시 상황에 대해 그는 이렇게 회상했다.

"내가 요청한다고 해서 직원들이 현장에 나갈지는 확신할 수 없었어요. 하물며 안전한 곳도 아니었으니까요."[32]

밤 10시 무렵, 마스다는 10명이 한 조를 이루어 4개 조의 작업반을 구성해줄 것을 요청했다. 실제로 그는 작업의 참여 여부를 직원 스스로 결정하게 했고, 우려와 달리 그의 요청을 거절한 직원은 단 한 명도 없었다. 발전소 내부 사정을 꿰뚫고 있던 그는 직원들이 불안에 휩싸여 전달 사항을 잊게 될까 봐, 출발하기 전 반복해서 그들에게 지침 사항을 상기시켰다. 여기서 핵심은 명령하지 않고 그저 안전하고 신속하게 행동할 수 있도록 '도왔다'는 것이다.

그들이 답사에서 돌아와 현장을 복구할 케이블을 기다리던 사이, 후쿠시마 제1원자력발전소(다이치Daiichi 원전)에서는 폭발 소식이 전해졌다. 두려움에 떠는 직원들은 상황을 믿지 못하는 듯 보였다. 똑같은 일이 이곳에서도 벌어질 수 있는 상황이었다. 마스다의 결정은 직원들을 제 발로 불구덩이에 밀어 넣는 것과 마찬가지였다. 마스다는 약 600명의 직원을 한자리에 모아놓고 이렇게 말했다.

"여러분, 저를 믿어주세요. 여러분이 위험해질 상황은 만들지 않겠다고 약속합니다. 하지만 다이니 발전소는 현재 급박한 상황에 놓여 있습니다. 여러분의 도움이 절실합니다."[33]

요청한 케이블이 도착하자 직원들은 즉시 연결 작업에 착수했다. 원자로에 전력을 공급하려면 최소 9킬로미터 거리에 케이블을 놓아야 했다. 케이블 한 통당 길이는 200미터, 무게는 1톤에 육박했다. 하지만 24시간 안에 모든 작업을 마쳐야 했다. 평소라면 각종 장비를 사용해 족히 한 달은 걸렸을 일을 200명의 직원이 달라붙어 정말 미친 듯이 작업했다. 교대로 일을 했지만 좀처럼 속도가 나지 않자 직원들은 무척 힘들어했다.

시간이 얼마쯤 지났을까, 마스다는 애당초 자신의 판단에 확신을 잃었다. 도저히 불가능해 보였다. 아무리 초인적인 힘을 발휘한다고 해도 원자로 4기를 모두 연결하기에는 시간이 턱없이 부족했다. 그 즉시 마스다는 자신의 판단이 잘못되었음을 솔직하게 인정했다. 그러나 이것은 오히려 직원들의 심리적 안정감을 높이고 결속력을 강화하는 계기로 작용했다. 각 팀 리더와 상의한 끝에 마스다는 결국 작업을 지속하는 것이 유일한 대안임을 깨달았다. 본래 계획에서 일부 수정된 내용을 다시 화이트보드에 기록했다. 이틀 밤을 꼬박 새운 직원에게는 기존에 하던 작업을 다시 원점으로 되돌려야 한다는 말도 서슴없이 전했다. 처음엔 서로가 당황했지만, 모두가 무엇이 급하고 중요한지를 정확히 공유하고 있었기에 대인관계의 위협만큼은 거의 제로에 가까웠다.

그날 자정 무렵, 결국 다이니 원전의 직원들은 마지막 케이블까지 연결하는 데 성공했다. 두 시간만 늦었어도 심각한 문제가 발생할 수 있는 상황이었다. 작업장 곳곳에서는 함성이 터져나왔고, 마스다와 직원들은 그제야 한숨을 돌릴 수 있었다. 직원들의 발밑에는 원전 폭발이라는 거대한 위험이 도사리고 있었지만, 마스다는 이들의 마음을 움직여 성공적으로 임무를 완수했다. 차분함과 솔직함, 리더로서의 판단 착오를 기꺼이 인정하는 용기로 마스다는 팀 전체가 눈앞의 상황을 정확히 인지할 수 있도록 했다. 이로써 두려움을 완벽히 극복했고, 문제를 해결할 수 있는 환경이 조성되었다. 마스다의 말과 행동의 위험을 무릅쓰고 직원들에게 반드시 발전소를 구해야 한다는 사명을 갖게 한 셈이다.

마스다는 모든 정보를 화이트보드에 공유하면서 구성원들에게 결정권을 주고 함께 결과를 만들어나가는 방식으로 업무의 프레임을 새로 짰다. 시시각각 변하는 상황일수록, 창의력과 혁신이 요구되는 조직일수록 리더는 더 높은 곳에 닿아 있는 목표에 도달하기 위해 때론 자세를 낮춰야 한다. 또한 매사에 주의 깊고 솔직한 태도로 임해야 한다. 그리고 이를 끊임없이 반복해서 행할 때 비로소 결실을 맺을 수 있다.

## 한 차원 높은 목표로
## 동기를 부여하라

업무의 목적을 강조하는 것은 심리적 안정감의 토대를 구축할 때 필요한 또 하나의 핵심 요소다. 직원들의 업무가 고객을 위해, 나아가 인류를 위해 왜 중요한지를 끊임없이 상기시켜 주면, 그들은 갖은 어려움 속에서도 끝까지 업무를 완수할 에너지를 얻는다. 업무에 지치고 힘든 상황에서는 무엇이 중요한지 판단하는 눈을 잃게 될 수 있다. 세계적인 광산 업체 앵글로 아메리칸<sup>Anglo American</sup>의 여성 CEO 신시아 캐럴<sup>Cynthia Carroll</sup>은 광산 현장의 '사고율 0퍼센트 달성'을 위해 가장 위험하고 사망률이 높은 광산을 대담하게 폐쇄했다. 한발 더 나아가 작업 안전에 관한 조언을 광부들에게 직접 구하겠다는 초강수를 두었다. 광산 재개는 그 이후의 일이었다.

"감독자가 지켜보는 가운데 하루 종일 지하에 갇혀 일만 하는 사람들에게 무슨 권한이 있었을까요? 그래서 광부 한 명 한 명에게 물었습니다."

그는 남아프리카공화국 정부와 광산 관련 단체들까지 한자리에 모았다. 이전에는 각기 다른 목소리를 내던 이해관계자들이 '안전'이라는 공통의 목표를 추구하자 서로 간에 신뢰가 쌓이기 시작했다. 그 결과 다시 운영을 재개한 광산의 광부 사망 건수는 불과 5년 만에 62퍼센트나 감소했다.[34] 직원들이 자기 업무의 중요성을 충분히 인지하면서 조직 안에서 자유롭게 의사소통을 나눈 결과다. 그리고 이러한 심리적 안정감을 구축하는 일은 리더의 최대 임무다.

앞으로 더 살펴보겠지만 심리적 안정감을 구축하는 방법에는 여러 가지가 있다. 세계 최대 헤지펀드인 브리지워터 어소시에이츠Bridgewater Associates의 CEO 레이 달리오Ray Dalio는 회사의 수익만큼이나 직원 한 명 한 명이 더 나은 인재로 거듭나는 게 중요하다고 강조했다. 기술 장비 업체 베리웨밀러의 CEO 밥 채프먼은 직원을 가족처럼 대하며 그들과 얼마나 깊게 소통하느냐를 기업의 성공 지표로 삼았다. 요컨대 리더의 임무는 직원들에게 업무의 목적을 상기시켜 동기를 부여하고, 나아가 그들의 업무가 지역사회에 의미 있는 일로 발전하도록 돕는 일이다. 이 과정에서 리더는 스스로에게 질문을 던져야 한다.

'나는 직원들에게 얼마나 자주, 그리고 분명하게 업무의 목적을 강조하고 있는가?'

# 겸손하되
# 적극적으로 파고들어라

"사람이 두려워해야 할 것은 죽음이 아니라
죽음에서 벗어날 시도조차 하지 않는 것이다."

– 마르쿠스 아우렐리우스Marcus Aurelius**35**

심리적 안정감의 토대를 만들었다면 그다음 단계는 구성원의 '진정한 참여'를 이끌어내는 것이다. 이 단계에서는 적극적인 참여를 가로막았던 높은 담을 허물기로 하자. 이에 앞서 한 가지 인정하고 넘어가야 할 점이 있다. 구성원이 자신을 보호하기 위해 노력하는 건 아주 자연스러운 현상이자 본능이라는 것이다. 이를 리더 스스로 깨달아야 한다. 만약 당신의 조직에 자리 보전에만 급급한 구성원이 있다면, 회사가 먼저 그들에게 진심을 다해 확실한 길을 제시하지 않았다는 증거로 삼으면 된다.

이 단계의 목표를 달성하기 위해서는 다음 두 가지 요소가 필수적이다. '상황적 겸손Situational Humility'(상황에 따라 겸손이 필요함을 나타내는 말)과 '적극적 질문'이다. 여기에 보다 원활하게 소통하려면 질문의 구조와 절차를 만들어 참여를 유도해볼 수도 있다.


## 상황적 겸손을
## 보여라

리더가 마치 모든 정답을 안다는 듯이 군림하는 분위기에서는 그 누구도 문제를 제기할 수 없다. 반면 겸손과 호기심을 바탕으로 무엇이든 배우려는 리더와 함께라면 구성원은 자연스럽게 안정감을 느끼고 더 많은 아이디어를 제시하게 된다.

리더는 자신의 겸손을 직원들에게 베푸는 '혜택'으로 여겨서는 안 된다. 오히려 겸손은 회사의 생존을 좌우하는 리더의 지극히 현실적인 태도이자 필수적인 마음가짐이다. 평소에 자신감이 넘치는 모습으로 구성원을 대했다면, 이제는 상황적 겸손을 통해 조직의 분위기를 바꿔보아도 좋다(매사추세츠공과대학교 에드거 샤인 교수의 표현을 빌리면 상황적 겸손은 곧 '즉시적 겸손Here-and-Now Humility'이다[36]).

한 가지 주의할 점은 '자신감'과 '겸손'이 서로 반대되는 말은 아니라는 것이다. 지식과 역량이 충분한 리더라면 가식적인 겸손을 보여주는 것보다 오히려 자신 있는 모습을 드러내는 게 훨씬 효과적이다. 겸손은 단순히 자기 능력을 뽐내지 않는다는 개념이 아니다. 내가 모든 답을 알고 있지는 않으며, 내 말이 곧 정답이 아닐 수도 있다는 사실을 인정하는 태도다. 다수의 연구 결과 리더가 이같이 겸손한 태도를 보이면 구성원 역시 배우는 자세로 업무에 임한다는 게 증명됐다.[37]

나아가 자신의 실수와 약점을 솔직하게 인정하는 태도 역시 상황적 겸손에 포함된다. 이와 관련해서는 2000년대 파산 직전의 제록스Xerox를 극적으로 회생시킨 CEO 겸 이사회 의장 앤 멀케이Anne Mulcahy를 예로 들 수 있다. 당시에 직원들은 그를 '무지의 여왕Master of I Don't Know'이라 불렀다. 섣부른 지식으로 아는 척하지 않고, 모르면 모른다고 솔직하게 인정했기 때문이다.[38] 그는 하버드 경영대학원 강의에서 기업의 임원진을 향해 "리더가 모르는 점을 솔직하게 인정하면 직원들은 오히려 자신감을 얻는다"라고 강조했다.[39] 실제로 제록스의 직원들은 리더에게 자신이 알고 있는 바를 차근차근 설명해주는 과정에서 의견을 스스럼없이 제기할 수 있었고, 이는 추락하는 제록스의 날개가 되어 회사를 위기에서 구해내는 발판이 되었다.

상황적 겸손의 효과는 이 밖에도 매우 확실하게 밝혀진 바가 많다. 하지만 그럼에도 많은 조직이 이 사실을 애써 무시하고 있다. 런던 경영대학원 댄 케이블Dan Cable 교수는 《하버드비즈니스리뷰Harvard Business Review》에서 그 이유를 이렇게 설명했다.

"권력은 (…) 리더로 하여금 조직을 통제하고 성과를 내는 일에만 집착하게 만든다. 이 과정에서 직원들의 마음속에는 두려움이 생긴다. 자연스럽게 목표 달성에 꼭 필요한 실험이나 학습마저 저지되고 만다. 여기서 말하는 두려움이란 목표 달성에 실패할까 봐 걱정하는 두려움이 아니다. 보너스를 잃게 될까 봐, 낙오자로 전락할까 봐 생겨나는 두려움이다."[40]

리더가 지나치게 확신에 차 있거나 거만한 태도를 보여도 이와 비슷한 결과를 초래할 수 있다. 나는 와튼스쿨의 잉그리드 넴바드Ingrid Nembhard 교수, 보스턴대학교의 아니타 터커Anita Tucker 교수와 함께 북미 지역 내 병원 23곳에 있는 신생아집중치료실의 품질 개선QI 프로젝트팀 100여 곳을 대상으로 연구를 진행한 바 있다.[41] 당시 각 팀원에게 품질 개선의 과정에서 어떠한 노력을 기울였는지 보고하도록 하자 반응은 크게 두 갈래로 나뉘었다. '사실 학습Learn-what'과 '방법 학습Learn-how'이다. 사실 학습은 각종 의학 자료를 탐색해 개별적이고 독립적으로 의료계의 최신 동향을 파악하는 방법이다. 반면 방법 학습은 팀 단위로 각종 정보를 공유하고 의견을 제안하며 토의를 진행해 품질 개선을 이끄는 방식이다.

결과에서 한 가지 흥미로운 점이 발견되었는데, 심리적으로 안정된 조직일수록 방법 학습의 비율이 높고 사실 학습은 매우 낮았다는 점이다. 그리고 전자의 조직에서 품질 개선 결과가 훨씬 좋았다.[42] 이 같은 결과의 차이에는 한 가지 요인이 작동하고 있었다. 바로 '리더의 포용성'이다. 실수가 발생한 상황에서 포용성 있는 의사는 동료에게 이렇게 말한다.

> "제가 뭔가를 놓친 것 같군요. 앞으로도 언질을 주시면 고맙겠어요."

이처럼 포용적인 리더는 적극적으로 질문하는 태도(곧이어 다룰 내용이다)와 더불어 상황적 겸손을 겸비한 인물이다. 그리고 다음의 세 가지 행동적 특징을 모두 만족시킨다. '가까이 다가갈 수 있는 대상인가?', '자신에게서 오류가 발생할 가능성을 인정하는가?', '다른 직원들의 의견을 적극적으로 수렴하는가?'

정리해보면 구성원이 쉽게 다가갈 만큼 친근하고, 자신도 얼마든지 오류를 범할 수 있다고 인정하면서, 적극적으로 질문하고 조언을 구하는 리더가 조직의 심리적 안정감을 구축한다. 또 이렇게 구축된 심리적 안정감이 생산적인 결과를 도출한다.

## 적극적으로
## 질문하라

구성원의 참여를 유도하기 위해 상황적 겸손을 보여줬다면, 그다음 단계는 질문하기다. 질문은 특정한 문제나 상황, 개인에 대해 좀 더 깊이 알고 싶을 때 사용하는 학습 방식이다.

질문의 기본은 상대방의 대답에 진정으로 의미를 부여하는 것이다. 그런데 대부분 질문하기를 어려워한다. 왜일까? 대다수 성인, 특히 큰 성취를 이뤄낸 사람들은 '소박한 실재론Naive Realism'이라는 인지적 편견에 빠져 있다. 내 생각이 곧 다수의 상식이라는 착각이다.[43]

우리는 눈앞의 상황을 주관적인 현상이라고 생각하기보다는 객관적인 실재로 인식한다. 이로 인해 빠질 수 있는 흔한 오류는 '내 생각이 곧 세상의 이치'라고 믿는 것이다. 즉, 다른 사람이 어떻게 사안을 바라보느냐는 별로 궁금해하지 않는다. 더욱이 리더의 위치에 오른 사람들은 질문이 반드시 필요한 상황에서도 행여 자신이 무지하거나 나약해 보일까 봐 질문하기를 꺼린다. 심지어 '대화의 문화'를 자랑스럽게 내세우는 기업에서조차 질문하는 행위를 썩 달가워하지 않는다.

하지만 리더가 이러한 편견을 극복하고 진심 어린 질문을 던지기 시작하면 조직의 심리적 안정감은 덩달아 높아진다. 앞서 살펴본 두 리더의 질문을 떠올려보자. 미니애폴리스 아동병원의 모라스가 의료진을 향해 "이번 주에도 각자의 담당 환자들에게 자신이 원하는 만큼 안전한 의료 서비스를 제공했습니까?"라고 물었던 것, 그리고 앵글로 아메리칸의 신시아 캐럴이 광부들에게 "서로를 배려하고 존중하는 근무 환경을 조성하려면 어떤 노력이 필요할까요?"라고 물었던 것은 모두 리더의 진심이 담긴 질문이다. 그리고 이는 상대방을 존중하는 마음을 전하며 심리적 안정감을 구축하는 토대가 됐다.

대개 질문하는 리더는 어리석고 나약하게 비칠 거라고 생각하지만 실제로는 전혀 그렇지 않다. 오히려 생각이 깊고 현명한 사람으로 보일 수 있다. 그렇다면 좋은 질문을 하기 위해서는 어떤 규칙을 지켜야 할까?

먼저, '정답을 모른다'는 태도로 물어야 한다. 긍정이든 부정이든 상대방의 대답에 제한을 두지 말아야 한다. 또한 구성원이 서로 간의 생각을 공유하는 데 도움이 되는 형태로 질문을 건네야 한다. 다음 페이지의 그림 2-4를 참고해보자. 이는 위와 같은 원칙을 토대로 글로벌 토론기구 '월드 카페<sup>World Cafe</sup>'에서 정의한 효과적인 질문의 열 가지 특징이다.

그림 2-4. **효과적인 질문의 열 가지 특징**[44]

| 1 | 질문받는 사람의 호기심을 자극한다. |
|---|---|
| 2 | 깊이 있는 대화를 유도한다. |
| 3 | 생각하게 만드는 힘이 있다. |
| 4 | 여러 가지 가정을 수면 위로 끌어올린다. |
| 5 | 창의성과 가능성을 촉진한다. |
| 6 | 앞으로 나아갈 힘을 생성한다. |
| 7 | 질문 자체에 집중하게 만든다. |
| 8 | 동료들과 함께 의견을 나누도록 한다. |
| 9 | 깊은 여운을 남긴다. |
| 10 | 더 많은 질문을 유발한다. |

내가 추천하는 핵심 요령은 상황에 맞는 질문을 하는 것이다. 질문은 생각의 깊이와 넓이를 확장하는 힘을 갖고 있다. 특정 상황을 좀 더 폭넓게 이해하거나 대안의 범위를 확장하려면 다음과 같은 질문이 꽤 효과적이다.

'우리가 놓친 건 없을까요?'

'다른 방법도 있지 않을까요?'

'누구 다른 생각을 가진 분 없나요?'[45]

이 같은 질문은 리더가 의사결정을 하기에 앞서 구성원의 다양한 생각을 종합적으로 고려할 것이며, 여러 대안도 검토해보겠다는 의지를 내포한다. 구성원의 지식과 목표를 조금 더 깊이 있게 이해하기 위해서는 이런 질문도 해볼 수 있다.

'어떻게 그런 생각을 하게 되었죠?'

'사례를 들어줄 수 있나요?'

좋은 질문은 상대방에게 '당신의 목소리가 충분히 중요하게 수용되고 있습니다'라는 신호를 보낸다. 또 듣는 이가 이 같은 신호를 받아들이면 심리적으로 충분히 안정된 상태에서 대답을 할 수 있다. 세계적으로 유명한 음악 케이블 채널 엠티비^MTV의 설립자 밥 피트먼^Bob Pittman은 《뉴욕타임스》와의 인터뷰에서 깊은 분석과 다양한 관점을 동시에 촉진하는 효과적인 질문에 대해 다음과 같이 설명했다.

"직원 회의에서 특정 주제를 두고 토론할 때면 저는 이렇게 묻습니다. '반대 의견 없으신가요?' 그럼 처음에는 누군가 나서서 이렇게 대답합니다. '모두 동의합니다!' 그럼 저는 다시 말하죠. '여러분 제 말에 집중하지 않으셨군요. 모두가 찬성하는 의견은 있을 수 없습니다. 반드시 다른 생각을 하는 사람이 나오기 마련입니다. 모두 처음으로 돌아가 제 의견과 반대되는 입장에서 한번 생각해보세요'라고 말이죠."[46]

밥 피트먼은 적극적으로 질문하는 리더의 전형적인 모습을 보여준다. 그는 '반대되는 생각은 늘 있다'는 말을 통해 '여러 사람의 생각을 수렴하면 창의적인 프로그램 제작에 도움이 된다'는 새로운 업무 프레임까지 제시했다. 즉, 그의 질문 속에는 구성원에게 영감을 불어넣고, 변화를 유도하면서, 업무를 새로운 시각으로 바라보게 하는 암묵적인 틀이 녹아 있는 셈이다.

# 실패를 축하할
# 각오가 되어 있는가?

"대표의 생각을 알기 전까지
아무것도 말하고 싶지 않다."
– 뉴욕 연방준비은행 관계자[47]

업무를 바라보는 틀을 재구성해 심리적 안정감의 토대를 마련하고, 상황적 겸손과 질문하기로 구성원의 참여를 이끌어냈다면, 그다음으로는 진심으로 실패를 축하하고 격려하는 분위기를 조성해야 한다. 안전한 조직 환경을 만드는 리더의 마지막 임무는 '기꺼이 위험을 무릅쓰고 자신의 목소리를 낸 직원에게 생산적인 반응을 보여주는 것'이다. 그리고 이 생산적인 반응은 다음 세 가지 특징으로 요약할 수 있다. '감사 표현하기', '실패라는 오명 제거하기', '위반 행위에 엄격히 조치하기'이다.

## 일단 고맙게 여겨라,
## 결과는 그다음 문제다

1장에 소개한 신생아집중치료실의 사례를 돌이켜보자. 크리스티나는 의사에게 질책받을 상황이 두려워 순간적으로 침묵을 선택했다. 이번에는 반대의 상황을 가정해보자. 그가 의사에게 곧장 달려가 문제를 제기했고, 의사는 이렇게 답한 상황이다. "중요한 부분을 지적해줘서 고마워요." 리더가 목소리를 낸 구성원에게 감사의 마음을 전하는 것은 심리적 안정감을 높이기 위한 최선의 방법이다. 실제로 구성원이 제기한 문제에 깊이 공감하고, 그대로 조치할 것인지는 크게 상관이 없다. 우선은 옳고 그름을 떠나 용기를 내준 상황 그 자체에 고마움을 표현해야 한다. 리더가 줄 수 있는 최소한의 보상인 셈이다.

'마인드셋(마음가짐) 이론'으로 유명한 스탠퍼드대학교 캐럴 드웩Carol Dweck 교수 역시 "결과가 어떻든 노력에 대해 먼저 충분히 칭찬하라"라고 강조했다.[48] 또한 그는 조직 구성원에게 학습 지향성(학습할 수 있는 동기)을 불어넣는 것이 중요하다고도 말했다. 이는 개인이 가진 지식을 조직 전체로 확산시켜 위기를 딛고 일어서게 하는 힘이다. 좀 더 구체적으로 설명해보겠다. 사람들은 '업무 성과'가 자신의 능력을 나타내는 유일한 지표라고 느낀다면 섣불리 위험을 감수하려 들지 않는다. 자신의 능력이 부족하다고 평가되는 현실과 마주하는 게 두렵기 때문이다. 하지만 결과와 더불어 '노력'과 '과정'이 평가에 반영된다고 믿으면 여러 가지 어려움을 감수하고서라도 새로운 아이디어를 끝까지 제안하며 파고드는 모습을 보일 것이다. 오늘날처럼 불확실성으로 대표되는 업무 환경에서 노력을 칭찬해주는 것이 무엇보다 중요한 이유다. 훌륭한 과정이 반드시 훌륭한 결과를, 부족한 과정이 반드시 부족한 결과를 낳는 건 아니기에 하는 말이다. 과정과 결과의 관계가 불완전하다는 것은 그림 2-5를 보면 한결 수월하게 이해할 수 있다.

그림 2-5. **과정과 결과의 관계**

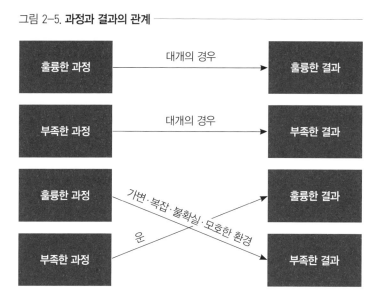

물론 과정이 훌륭하면 결과도 훌륭할 가능성이 높다. 반대로 과정에 부족한 구석이 있으면 결과 또한 부족하게 된다. 하지만 과정이 훌륭하다고 해서 결과가 꼭 그렇지 않을 수 있고(특히 불확실하고 복잡한 상황이 두드러질 때 더욱 그렇다), 마찬가지로 과정이 미흡하다고 해도 좋은 결과가 탄생하기도 한다(운이 좋은 경우다). 이처럼 불확실성과 모호성이 공존해 단순한 인과관계조차 들어맞지 않는 상황에서는 결과를 떠나 과정에 대해 생산적으로 반응해주는 태도가 무척 중요하다. 이를 표현하는 방법으로는 말로 고마움을 전하는 것부터("기꺼이 문제를 제기해주셔서 감사합니다" 등), 창조적인 실패를 독려하고자 축하 행사를 열어주는 것, 보너스를 지급하는 방법까지 다양한 형태가 있다.

## 실패에 씌워진
## '오명'을 제거하라

　　　　　　　　　불확실성이 강한 오늘날의 기업 환경에서 실패는 혁신에 꼭 필요한 과정이다. 혁신하는 조직으로 거듭나기 위한 전제 조건은 구성원끼리 활발하게 의견을 공유하는 것이고, 이를 위해서는 실패를 숨기지 않고 과감히 수면 위로 드러내야 한다(공개적으로 질책하는 것과 혼동해서는 안 된다). 다만 리더가 모든 실패에 똑같이 반응해서는 건강한 조직을 만들 수 없

그림 2-6. **실패를 받아들이는 관점 전환하기**

|  | 기존의 프레임 | 새로운 프레임 |
|---|---|---|
| **실패의 개념** | 절대 받아들일 수 없는 것 | 도전하는 과정에서 생기는 당연한 결과 |
| **효과적인 결과에 대한 생각** | 능력 있는 직원은 실패하지 않음 | 능력 있는 직원은 실패를 통해 배우고 학습하며 동료와 공유함 |
| **목표** | 실패를 막는 것 | 실패를 통해 학습을 증진하는 것 |
| **프레임 구성의 결과** | 모든 구성원이 실패를 숨김으로써 스스로를 보호함 | 공개 토론, 발 빠른 학습과 지속적 혁신 |

다. 규칙을 어겨서 비롯된 실패와 노력 끝에 결국 좌절한 실패는 그 가치부터 다르기 때문이다. 하지만 실제 업무 현장에서는 이를 제대로 구분하지 못하는 리더가 대다수다. 그림 2-6이 이러한 현상을 설명한다.

나는 종종 기업 관리자나 과학자, 영업사원, 기술 전문가 등 다양한 산업에 종사하는 사람들에게 이런 질문을 던진다.

"조직에서 발생하는 실패 중 비난받아 마땅한 실패는 몇 퍼센트
나 됩니까?"

어떤 조직의 구성원이든 대답은 거의 비슷하다. 대부분 한 자
릿수, 그것도 "1~4퍼센트 정도"라고 말한다. 그럼 나는 다시 질
문을 바꾼다.

"실제로 얼마나 많은 실패가 비난받고 있습니까?"

대답은 사뭇 달라진다. 대략 "70~90퍼센트"라고 말한다. 짐작
건대 세상에는 보고 과정이 생략된 수많은 실패가 존재하고, 이
로써 실패를 통한 학습이 이루어지지 않는 경우도 다반사다. 그
림 2-6에서 보았듯이 구성원의 실패에 부정적으로 반응하면 그
들의 목소리에 제대로 귀 기울일 수 없다. 리더가 가장 두려워해
야 하는 건 바로 이 지점이다.

미니애폴리스 아동병원의 집중분석회의는 구성원의 실패에
생산적으로 반응하는 아주 좋은 예다. 이 회의는 병원에서 벌어
지는 사고에 관계된 모든 인물이 모여 자유롭게 의견을 나누는
자리다. 사고의 대부분은 모든 절차가 완벽히 지켜졌는데도 전
혀 예상치 못한 방향으로 불똥이 튀어 벌어지는 일들이다. 의료
서비스의 특징 자체가 그렇기에 의료진은 회의에 참석하는 것만

으로도 조직의 복잡하고 다양한 상호의존적인 시스템을 좀 더 깊이 이해할 수 있다. 서로 비난을 주고받기보다는 사고의 원인을 분석하며 시스템을 개선하는 쪽으로 방향을 이끌고, 이를 통해 미래의 또 다른 실패도 예방하는 것이다. 이 과정에서 심리적 안정감이 충만해지는 건 말할 것도 없다.

실패에 생산적으로 반응하는 또 하나의 방법은 이를 공개적으로 기념하고 축하하는 것이다. 실제로 몇 년 전 제약회사 일라이 릴리Eli Lilly는 '실패 파티'를 열기도 했다. 목표한 결과를 얻지 못한 채 끝이 난 각종 신약 개발 프로젝트를 격려한다는 의미로 사내 최고과학책임자가 마련한 자리였다.[49] 현실과는 너무 동떨어진 얘기 같은가? 전혀 그렇지 않다. 우선 이러한 시도 자체는 심리적 안정감을 형성하는 토대로 작용해 직원들에게 마음 놓고 위험을 감수할 환경을 만들어준다. 실험과 연구를 일상적으로 진행하는 제약회사에서는 특히 더 중요한 가치다.

회사 차원에서 실패를 격려하는 일은 다음에 벌어질 실패에 대해서도 즉각적으로 인정하게 하는 효과를 낳는다. 이로써 조직의 값비싼 노동력은 일찌감치 새로운 프로젝트로 재배치될 수 있다. 수천 달러의 연구 예산이 절약되는 효과다. 더불어 행사에 참석한 사람 모두가 실패를 뒤돌아보며 똑같은 실패를 반복할 위험을 줄일 수 있다. 아무리 그 실패가 창조적이었다고 해도 같은 실패가 반복되다 보면 더는 창조적일 수 없기 때문이다.

이미 벌어진 실패에 생산적으로 반응하는 것은 미래에 곧 닥칠 실패를 철저히 차단하는 조치라고 해석할 수 있다. 다만 당사자가 비난받아 마땅한 행동을 하거나 규정된 절차를 위반해서 벌어진 사고, 같은 실수가 되풀이되는 행동 등은 반드시 강력한 조치를 취해 막아야 한다. 때에 따라서는 벌금이나 해고까지도 고려해봐야 한다.

## 위반 행위에는
## 단호히 칼을 들어라

때로는 비난받아 마땅한 행위를 한 당사자를 해고하는 것이 가장 생산적인 반응일 수 있다. 그런데 이러한 조치가 자칫 심리적 안정감에 해가 되진 않을까? 결론부터 말하자면 전혀 그렇지 않다. 누군가 규칙을 위반하거나 계속해서 편법을 쓴다면, 당사자는 물론이고 조직 전체에 빨간불이 켜진다. 이럴 때는 차라리 해고 조치가 심리적 안정감을 강화시켜 준다. 또한 걱정할 필요도 없이 구성원들은 이를 '위험하고 옳지 못한 행동에 대한 정당한 대응'으로 간주한다.

2017년 7월, 구글의 엔지니어 제임스 다모어<sup>James Damore</sup>는 조직의 다양성 정책을 비판한 10쪽짜리 글을 작성했다. 다모어는 남녀의 생물학적 차이를 언급하며, 구글에서 여성 엔지니어의 비율과 연봉이 남성보다 낮다는 게 이를 증명한다고 주장했다. 글은 곧장 사내로 퍼져나갔고,[50] 이후 외부에 유출되며 커다란 반향을 불러일으켰다.[51]

이 상황에서 구글은 어떻게 대응했을까? 사건이 일어나고 한 달 후 다모어는 공식적으로 해고됐다. 구글에는 칭찬과 비난이 동시에 쏟아졌다. 물론 사내에서도 다양한 논의가 오갔지만 구글은 결국 해고하는 쪽을 택했다. 물론 다모어의 입장에서는 지극히 개인적인 메모가 회사 전체로 퍼져나가 꽤나 곤란했을 것이다. 본인이 퍼트렸다기보다는 그 내용에 반감을 품은 누군가가 공유했을 가능성이 크다. 하지만 그 파급력을 예상하지 못한 것이 면죄부가 되는 것은 아니다. 이미 다른 직원은 물론이고 구글의 수백만 고객이 그 문서를 읽어버린 뒤였다.

해당 문서는 누군가에게 강한 분노를 유발했지만, 여기서는 그 내용을 구체적으로 다루지는 않겠다. 다만 당신이 구글의 CEO였다면 어떻게 대응했을지 생각해내고, 조직 안에서 바람직하지 않은 일이 발생했을 때 가장 생산적으로 반응할 수 있는 전략을 짜보자는 것이다.

경우의 수는 여러 가지다. 사내 이메일이나 개인 SNS로 회사에 대한 의견 개진이 정책적으로 금지된 조직에서는 이를 어긴 직원이 '비난받아 마땅'하다. 해고를 포함한 강력한 제재 조치가 가장 생산적인 반응이며, 동시에 회사는 관련 정책을 매우 비중

그림 2-7. **실패 유형에 따른 생산적 반응의 종류**

| | 예방 가능한 실패 | 복합적 실패 | 창조적 실패 |
|---|---|---|---|
| **생산적 반응** | • 교육<br>• 재교육<br>• 절차 개선<br>• 시스템 개편<br>• 제도적 처벌(여러 번 반복되거나 비난받아 마땅한 실수인 경우) | • 다양한 관점에서 실패 요인 분석<br>• 대책 마련을 위한 위험 요인 식별<br>• 시스템 개선 | • 실패 축하연<br>• 실패 기념상<br>• 실패에서 교훈을 얻기 위한 철저한 분석<br>• 새로운 가설 수립<br>• 다음 단계나 추가적인 실험 논의 |

있게 다룬다는 입장을 조직 전체에 공표할 수 있다.

그러나 정책이 확실하게 뒷받침되어 있지 않다면, 해당 사건을 반면교사의 계기로 삼는 게 생산적인 반응이다. 조직은 물론이고 일반 대중에게도 좋은 본보기가 될 수 있다. 또한 이 시간을 통해 모든 직원이 서로의 생각을 깊이 있게 나누면서 개인적으로 궁금했던 점을 해소할 수 있고, 동료들과 공감대를 형성해 의사소통의 기술까지 발전시키는 계기로 삼을 수 있다. 회사 차원에서는 서비스를 개발할 때 해당 정책과 연관 지어 진일보한 상품을 출시할 수도 있다.

요컨대, 어떤 조치가 생산적인 반응인지를 판가름하는 척도는 그것이 어떤 효과를 불러오느냐에 달려 있다. 한 가지 분명한 점은 '회사에 반대되는 의견은 절대 용인할 수 없다'거나 '단 한 번이라도 규칙을 어기면 당장 해고'라는 식의 위협적인 메시지는 전혀 생산적이지 않다는 것이다. 어떠한 결과든 겸허히 받아들일 준비만 되어 있다면 실수를 범하든, 남들과 다른 목소리를 내든 모두 인정받을 수 있다는 메시지를 전하는 게 중요하다. 그림 2-7을 참고하면서 조직에 불어닥칠 다양한 실패에 생산적으로 반응하는 연습을 해보기 바란다.

# 심리적 안정감에 대한
# 몇 가지 편견들

"이미 행동한 것에 대한 후회는 시간이 가면서 조금씩 줄어든다.
그러나 행동하지 못한 것에 대한 후회는 시간이 갈수록 커질 뿐이다."

— 시드니 해리스Sydney Harris[52]

오늘날 심리적 안정감의 중요성은 수많은 경영 컨설턴트와 학자들이 설파하고 있다. 실제로 다수의 글로벌 기업이 심리적 안정감을 조직에 뿌리내리게 하고자 상당한 투자와 노력을 기울이고 있다. 하지만 이 개념을 잘못 이해한 채 조직 운영에 적용해 부작용을 초래하는 경우도 정말 많다.

지금부터는 우리가 흔히 오해하는 심리적 안정감에 관한 몇 가지 편견을 짚고 넘어가고자 한다.

## 심리적 안정감은
## 친절함과 다르다

늘 타인의 의견과 생각에 동의하면서 서로를 친절한 사람으로 포장해주는 것도 심리적 안정감의 일환일까? 이는 완전히 잘못된 생각이다. 아니, 오히려 정반대다. 심리적 안정감이란 자신의 생각을 가감 없이 자유롭게 표현하고 솔직한 피드백을 주고받으면서 생산적인 결과를 이끌어내는 분위기다. 어느 직장에서나 불가피하게 발생하는 의견 충돌에 구성원 개개인이 심리적으로 타격을 받지 않는 상태를 뜻하기도 한다.

지금껏 내가 컨설팅하거나 연구를 실시했던 수많은 기업에서 대상자들은 이런 말을 자주 했다.

"우리 회사 사람들은 너무 친절해서 탈이에요."

그렇게 친절한 사람들이 회의 도중에는 싫은 말 한마디를 못 하다가 정작 회의가 끝나면 삼삼오오 복도에 모여 불평을 늘어놓는 광경이 자주 목격됐다. 회의 때 결정된 사항은? 실행에 옮기지도 않는다.

심리적 안정감은 친절함이나 상냥함과 거리가 멀다. 비슷한 맥락으로 편안함이나 안락함을 뜻하지도 않는다. 오히려 듣기에는 조금 거칠고 쓴 말일지라도 생산적인 갈등을 통해 서로의 입장을 이해하고 학습하는 여건이라고 볼 수 있다.

## 심리적 안정감은
## 개인의 성향을 초월한다

또 다른 오해도 있다. 이제껏 조직의 심리적 안정감은 '개인의 외향적인 성향'과 유사하다고 오해받아 왔다. 직장에서 자신의 목소리를 내는 사람은 열정 넘치고 당찬 인재라고 평가받는 반면, 반대의 경우는 수줍음이 많거나 자신감 없고 남과 어울리기를 즐기지 않는 소극적인 사람으로 단정 지어졌다. 그러면서 외향적인 성향의 구성원이 많을수록 팀워크가 좋아진다고 믿었다.

그러나 '누구나 할 말은 하는 분위기'는 개인의 성격적인 특징과는 아무런 관련이 없다.[53] 오히려 이는 조직 전반에 흐르는 기류, 즉 심리적 안정감에 달려있다. 심리적 안정감은 외향적이든 내향적이든 누구에게나 유사한 형태로 영향을 끼쳤으며, 내향적인 사람도 심리적으로 안정된 조직에서라면 자기 생각을 자유롭게 표현했다(물론 그 반대의 경우, 즉 외향적인 사람도 두려움이 만연한 조직에서는 꿀 먹은 벙어리가 됐다).


## 심리적 안정감은
## 신뢰감과 다르다

심리적 안정감과 신뢰감은 여러모로

공통점이 많지만, 완전히 같은 개념은 아니다. 가장 결정적인 차이는 '방향성'이다. 심리적 안정감은 특정 개인이 아닌 '조직 전체'를 향한 감정이다. 대체로 같은 팀에서 일하는 사람은 자신들의 근무 환경이 심리적으로 안전한지 아닌지를 비슷한 정도로 느끼는 경향이 있다. 반면 신뢰감은 개인이 '특정 인물'이나 '조직'을 향해 느끼는 감정이다. 예를 들어 어떤 동료에게는 신뢰감을 느낄 수 있지만 다른 동료에게는 그렇지 않을 수도 있다. 또한 그 대상이 조직인 경우에는 회사가 엄격한 기준을 가질수록 더 큰 신뢰를 갖기도 한다.

또 다른 차이로 '신뢰감'은 특정 조직이나 개인을 향해 기대하는 장기적인 반응과 관계가 있다면, '심리적 안정감'은 좀 더 일시적이고 즉각적인 반응과 관계가 있다. 앞선 크리스티나의 사례를 다시 떠올려보자. 그는 의사에게 폐표면 활성제를 왜 처방하지 않았는지 묻고 싶었다. 하지만 이의를 제기했을 때 돌아올 '즉각적인 반응'이 두려워 아무것도 묻지 못했다. 심리적 안정감이 결여된 조직이었기에, 그 자리에서 곧바로 '질책'이나 '모욕'을 당할 수 있다고 생각한 것이다. 반면 의사의 즉각적인 반응과 관계없이 그에 대한 신뢰감으로 업무에 임했다면, 크리스티나는 좀 더 장기적인 관점에서 환자에게 도움이 되는 방향으로 행동했을 가능성이 높다.

여기서 우리는 한 가지 사실을 확인할 수 있다. 문제 제기의 혜택이 타인을 향해 있다면 이는 신뢰감과 관련이 있고, 그 혜택이 자신에게 돌아오는 것이라면 심리적 안정감과 관련이 있다는 것이다. 심리적으로 안정된 조직 환경에서는 도움을 요청하거나 실수를 인정해도 당사자에게 아무런 불이익이 없다.


## 심리적 안정감이
## 성과의 기준까지 낮추진 않는다

심리적 안정감이 있다고 해서 업무 수행 능력이 부족하거나 마감 기한을 지키지 못하는 구성원에게까지 면죄부를 준다는 건 아니다. 다시 말해 심리적 안정감은 '직장에서 마냥 편하게 있어도 된다'는 의미가 아니다.

오늘날 수많은 관리자가 심리적 안정감의 효용성을 인정하면서도 이것이 업무 수행 기준을 낮추진 않을까 우려한다. 모두 심리적 안정감의 본질을 잘못 이해한 탓이다. 국경을 초월한 다양한 연구 결과에서 볼 수 있듯이 심리적 안정감은 조직의 성과를 촉진하는 매개체다. 그림 2-8은 심리적 안정감과 업무 수행 기준이 서로 별개의 영역이라는 걸 보여주는 표다. 두 요소는 모두 복잡하고 상호의존적인 업무 환경에서 팀과 조직 전체의 성과에 영향을 미치고 있다. 내용을 하나씩 살펴보자.

우선 심리적 안정감과 업무 수행 기준이 모두 낮으면 '무관심

그림 2-8. **심리적 안정감과 업무 수행 기준**[54]

|  | 낮은 업무 수행 기준 | 높은 업무 수행 기준 |
|---|---|---|
| **높은 심리적 안정감** | 안주하는 조직 | 학습을 통해<br>성과를 만드는 조직 |
| **낮은 심리적 안정감** | 무관심한 조직 | 두려움이 만연한 조직 |

한 조직'이 된다. 출근은 하지만 머리와 마음이 온통 다른 곳을 향해 있는 상태다. 매 순간 몸을 사리면서 스스로를 보호하기에 바쁘다. 업무 시간에 수시로 SNS를 하거나 다른 사람을 험담하는 일에 몰두하는 경우다.

심리적 안정감은 높지만 업무 수행 기준이 낮은 조직은 결코 도전을 하지 않는다. 서로서로 도와가며 일은 즐겁게 하지만 현실에 '안주하는 조직'이다. 오늘날에는 자취를 많이 감췄지만 여전히 존재하는 조직의 형태로, 이런 조직은 더 이상 학습이나 혁신, 더 높은 수준의 참여나 만족도를 기대할 수 없다.

그러나 가장 문제가 되는 조직은 무관심한 조직도, 안주하는 조직도 아니다. 바로 '두려움이 만연한 조직'이다. 여기서 말하는 '두려움'은 비즈니스 환경에서 비롯된 두려움이 아닌 조직 안에서 구성원 간에 느끼는 감정을 뜻한다. 이러한 조직에서는 자신의 목소리를 내는 것이 금기시되어 있다. 업무 성과나 자리 보전에만 급급한, 오늘날 가장 흔히 볼 수 있는 조직이 탄생하는 것이다. 유감스럽게도 이러한 조직의 관리자들은 업무 수행 기준을 높게 설정하는 것이 관리자로서의 당연한 임무라고 착각한다. 그러나 상호의존적인 업무를 수행하거나 불확실성이 존재하는 상황, 혹은 이 두 요소가 혼재하는 조직에서는 '낮은 심리적 안정감'과 '높은 업무 수행 기준'의 조합이 종종 암적인 결과를 초래하기도 한다. 특히 오늘날 'VUCA(변동성Volatility, 불확실성 Uncertainty, 복잡성Complexity, 모호성Ambiguity의 약자로 미국 육군대학원에서 처음 사용한 조어[55])'에 직면한 수많은 기업에 심각한 위협으로 작용한다.

끝으로 심리적 안정감과 업무 수행 기준이 모두 높으면 '학습을 통해 성과를 만드는 조직'으로 발전할 수 있다. 업무 자체에 불확실성이나 상호의존성이 높은 경우라도 극복할 수 있다. 이러한 조직에서는 구성원이 자기 생각과 의견을 공유하며 서로 협력하고, 새로운 것을 배워나가며 약점을 도약의 기회로 삼는다. 이를 통해 복잡하고 혁신적인 업무도 무리 없이 수행할 수 있다. VUCA 환경에서는 이 같은 적극적인 협력과 학습 동기가 높은 성과를 만드는 주요 동력이 된다.

# 동기부여 없이는
# 결코 안전할 수 없다

심리적 안정감이 조직의 성과에 꼭 필요하다는 건 이미 널리 알려진 사실이다. 하지만 심리적 안정감이 보장된다고 해서 높은 성과가 자동으로 따라오는 건 아니다. 아니, 결단코 그렇지 않다. 다만 심리적 안정감은 두려움으로 주저하는 마음속에 브레이크를 풀어주는 역할을 한다. 이로써 각 구성원은 자신의 역량을 충분히 발휘할 수 있게 된다.

어떤 분야에서든 리더는 두 가지 주요한 임무를 수행한다. 심리적으로 안전한 근무 환경을 만들어 사전에 막을 수 있는 문제를 충분히 예방한다. 또한 가치 있는 목표를 세워 지속적으로 공유하면서 다듬어가는 과정을 통해 직원들이 이를 달성할 수 있도록 격려한다.

지식 기반 산업에서는 예전처럼 공장의 조립 라인을 확인하는 단순한 방식으로 구성원의 역량을 평가할 수는 없다. 더불어 오늘날의 동기부여 방식은 예전과 전혀 다르다. 리더는 조직을 감독하는 동시에 다양한 영감과 피드백을 지속적으로 제공하며, 구성원에게 보람 있는 경험을 만들어주고 동기를 부추겨야 한다. 또한 조직 안에서 각종 도전 과제와 우려 사항, 기회에 관해 자유롭게 의사소통하는 환경을 구축해 끊임없이 혁신하는 것 역시 오늘날 리더에게는 가장 중요한 임무다.

# 예견된 인재
## - 후쿠시마 원전 사고

이번에는 2011년 3월 동일본 대지진 당시 후쿠시마 제1원자력 발전소에서 생긴 일이다. 대지진이 몰고 온 거대한 쓰나미는 후쿠시마 제1원자력발전소를 정면으로 강타했다.[56] 유례없는 대형 쓰나미에 발전소 부근의 소형 방파제는 아무런 역할도 하지 못했다. 내부는 순식간에 물바다로 변했고, 전력 공급이 중단돼 결국 과열된 원자로는 여러 번의 폭발을 일으켰다.

사고 당시 발전소에 있던 수많은 근로자가 목숨을 잃었다. 더욱 충격적인 일은 핵연료와 방사성 핵종이 바닷물과 공기 중으로 유입됐다는 사실이다. 여기에 원자로의 노심 용해(핵분열성 물질과 감속재를 담은 원자로의 노심부가 녹아버리는 일)까지 더해지자 인근 주민 수십만 명은 방사선 피폭을 피해 고향을 떠날 수밖에 없었다.


## 경고를 무시하다

동일본 대지진은 일본 관측 역사상 가장 큰 규모의 지진으로 기록되며 1만 5000여 명의 목숨을 앗아갔다.[57] 자연적인 재난을 인간의 힘으로 막기란 절대적으로 불가능한 일이지만, 발전소에 동반된 참사만큼은 충분히 막을 수 있었다는 게 학계의 정설이다.

2012년 여름, 사고 조사팀은 900시간의 청문회와 수천 명의 관계자 인터뷰, 9번의 현장 실사, 19번의 회의, 3번의 공청회를 통해 다음과 같이 결론지었다. "제1원자력발전소의 사고는 분명한 인재이며, 직접적인 원인은 사전에 충분히 예측할 수 있었다."[58] 이미 몇 년 전부터 이와 유사한 사고의 발생 가능성이 언급돼 왔다는 게 증거를 수집하는 과정에서 드러났다. 문제를 제기한 사람들은 하나같이 원자력발전소의 붕괴 위험을 원천 차단하거나 줄일 각종 안전 조치를 제안해왔다. 하지만 이들의 경고는 매번 근거가 없는 주장으로 간주돼 무시되곤 했다. 이유는 무엇일까? 사고가 발생하기 5년 전, 그러니까 2006년으로 거슬러 올라가보자.

당시 이미 일본에는 원자력발전소에 대한 내진 성능 기준을 재검토하는 소위원회가 있었다. 위원장으로 임명된 사람은 고베대학교 산하 도시안전연구센터의 교수 이시바시 카츠히코 Ishibashi Katsuhiko였다. 그는 자국 내 활성단층을 조사하며, 국가적인 기준을 수정할 필요가 있다고 제안했다. 그러면서 후쿠시마 다이치처럼 지진 발생의 위험이 높은 지역에 원자력발전소를 짓도록 건설을 허가해준 정부를 강도 높게 비판했다. 그러나 그의 주장은 늘 공허한 외침으로 끝이 났다. 당시 소속 위원 대다수가 유수의 전력회사에서 고문으로 재직하고 있었기 때문이다.[59]

이듬해 이시바시는 「우려 사항은 무엇인가? 지진 발생의 중대한 위협에 직면해 있는 일본 원자력발전소」라는 논문을 통해 원자력발전소의 위험을 누차 경고했다. 그러면서 정부가 국민의 눈을 가리고 있다고도 일갈했다. 그는 열도의 지진과 판 구조론의 전문가로서 이렇게 설명했다.

"판 구조론에 따르면 지진 활동에는 일정한 주기가 있다. 다이치 지역은 그 발생 주기가 한참이나 지났다. 지금 당장 원자력발전소의 지진 피해를 줄이려는 근본적인 시도가 없다면, 머지않아 일본은 핵으로 인한 재앙을 겪게 될 것이다."

이시바시는 그 원인으로 쓰나미도 함께 지목했다.[60] 그러나 유감스럽게도 당시 원자력발전소의 규제를 담당하던 마다라메 하루키Madarame Haruki는 "자격도 없는 사람이 근거 없는 소리를 한다"라고 말하며 일본 국회의원들을 안심시켰다(이후 마다라메는 원자력안전위원회의 의장에 올랐고, 후쿠시마 사고 당시에도 의장으로 재임했다).[61]

지진이라면 이골이 난 일본이 왜 원전 문제에서만큼은 이토록 대범했을까? 제2차 세계대전 이후 일본은 수입에만 의존해오던 에너지를 자체 공급해야 한다는 상당한 압박에 시달렸다. 그들에게는 화석 연료 매장량이 거의 없었다. 원자력만이 유일한 희망이었다. 이에 1950년대부터 에너지 자원의 종류를 늘리고, 더욱더 높은 수준의 에너지 안보를 달성한다는 목적으로 고집스럽게 원자력 에너지의 생산 역량을 키워왔다.[62] 1970년 오일쇼크, 1979년 미국 스리마일섬 원전 사고, 1986년 우크라이나 체르노빌 원전 사고와 같은 굵직굵직한 사고에도 일본은 흔들리지 않았다. 기존의 개발 계획을 굳건히 밀고 나갔으며,[63] 정부는 발전소 건립을 수용한 외곽 지역에 각종 보조금과 혜택을 제공했다. 또한 지속적인 홍보를 통해 원자력이 안전하다는 이미지를 심어

주었다.[64]

사실 후쿠시마 제1원자력발전소의 소유주이자 일본 최대 전력회사인 도쿄전력[TEPCO]도 머지않아 15미터 높이의 쓰나미가 다가올 것을 예상하고 있었다. 2000년 자체 조사 보고서를 보면 쓰나미 피해를 줄일 여러 대책 마련이 시급하다는 점이 언급돼 있다. 보고서는 이에 대한 실행도 촉구했지만, 정작 위험성을 인지하고 움직인 사람은 아무도 없었다.

2009년에는 일본 지진연구센터의 소장 오카무라 유키노비 Okamura Yukinobi가 역사적 사료를 바탕으로 방파제의 기준을 강화해야 한다고 주장했다. 하지만 이 역시 받아들여지지 않았다. 유키노비는 "유용한 자료나 기록이 다 있는데도 왜 적극적으로 쓰지 않는지 모르겠다"라며 유감을 표하기도 했다.

원자력안전보안원[NISA]과 같은 규제 기관조차 보호 시설을 구축하는 일에 적극적으로 나서지 않았기 때문에, 일본은 후쿠시마 사고가 발생하기 전까지 전체 전력의 30퍼센트를 원자로를 통해 생산했다. 게다가 이 비율은 2012년까지 40퍼센트로 끌어올릴 계획이었다.[65]

## '좋은 게 좋은 것'이라는
## 잘못된 문화

　　　　　이처럼 후쿠시마 원전 사고의 표면적인 원인은 '안전 문제'로 보이나, 좀 더 깊이 들여다보면 정부나 관련 업계에서 문제의 심각성을 제대로 인지하지 못한 탓이라고 할 수 있다. 침묵의 문화는 구성원의 의견이나 생각을 섣부른 개입이나 방해로 치부해버린다. 침묵의 전제는 어쩌면 '구성원의 목소리는 귀담아들을 가치조차 없다'는 것일지도 모른다. 일본 원자력안전보안원 원장 구로카와 기요시 Kurokawa Kiyoshi는 사고 조사 보고서의 첫머리에 이렇게 언급했다.

　　본 보고서는 사고 전반의 내용을 광범위하고 구체적으로 다루고 있지만, 한 가지 온전하게 담아내지 못한 부분이 있다. 바로 이번 참사를 발발케 한 일본인 특유의 마음가짐과 태도다. 일본은 커다란 고통을 감내하고서라도 이번 참사가 일본인이 자초했음을 인정해야 한다. 참사의 근본적인 원인은 일본 문화에 뿌리 깊이 박힌 관습에 있다. 이는 곧 무조건적인 복종 문화와 권위에 대항하지 않는 태도, 일률적인 프로그램만 고수하려는 방식, 그리고 집단주의와 편협성에서 기인한다.[66]

기요시가 나열한 원인은 비단 일본인만의 문제가 아니다. 각 각의 원인 모두 심리적 안정감이 낮은 조직에서 흔히 나타나는 고질적인 특징이다. 여기에 주변 사람에게 좋은 사람으로 인식 되고자 하는 욕구가 더해지면, 구성원은 목소리를 내기보다 침 묵하는 쪽을 택한다. 기요시는 "에너지 안보를 달성하겠다는 정 부의 방침이 강력해질수록, 원전 산업은 무소불위의 권력으로 올라섰다"라고 말했다. 모두 원자력 에너지를 향한 국가적인 염 원에 반기를 들지 않으려 했던 의도로 풀이된다. 결국 홍보를 맡 은 정부 기관이 각종 규제까지 시행하는 지경에 이르면서,[67] 후 쿠시마 원전 사고는 돌이키려야 돌이킬 수 없는 대참사로 기록 되고 말았다.[68]

2013년 스탠퍼드대학교의 연구 결과는 지배 세력이 귀를 닫 고 아무것도 들으려 하지 않을 때, 구성원의 목소리가 얼마나 무 력해지는지를 깨닫게 한다. 보고서는 이렇게 기록하고 있다.

"후쿠시마 원전 사고는 약 560억 원을 들여 주변에 방파제만 더 높이 쌓았어도 충분히 막을 수 있는 사고였다."[69]

# 현실을 두려워한 결과
## - 웰스파고와 뉴욕 연방준비은행

지금부터 살펴볼 웰스파고와 뉴욕 연방준비은행Federal Reserve Bank of New York은 '두려움이 만연한 조직에서 결여된 것은 무엇인가?'를 깊이 있게 논의할 최적의 주제다. 두려움이 지배하는 조직은 폭스바겐처럼 한동안은 문제없이 작동하는 듯하다가도 마치 시한폭탄처럼 불시에 터져 명망 있는 기업을 한순간에 나락으로 떨어뜨린다.

유감스럽게도 이에 대한 연구는 이미 20년 전부터 숱하게 발표돼왔다. 하지만 여전히 많은 리더가 이를 보고도 못 본 체하며 조직을 두려움의 벼랑 끝으로 몰아붙이고 있다.

## "우리도 월급은
## 받아야 했죠."

웰스파고는 이른바 '교차판매 스캔들'이 터지기 일 년 전만 해도 미국에서 가장 승승장구하던 은행이었다. 시가총액 1위에다가 세 집 중 한 곳은 이들의 계좌를 갖고 있었으니 말이다.[70] 미국의 주간지 《바론즈Barron's》는 '세계에서 가장 존경받는 기업'으로 이들을 꼽기도 했는데, 이러한 성공 뒤에는 커뮤니티 뱅킹 부서의 활약이 컸다. 2015년 웰스파고가 거둔 전 세계 6000여 곳의 지점 수익 중 절반 이상이 이 부서에서 발생했다.[71] 그렇다고 이들이 거대 기업과 업무를 제휴했느냐하면 그도 아니었다. 커뮤니티 뱅킹 부서는 당좌예금과 저축예금, 대출이나 신용카드 등 일반 가정과 소기업에 다양한 서비스를 제공하는 역할을 했다.

교차판매란 기존 고객에게 상품을 추가로 더 판매하는 방식이다. 커뮤니티 뱅킹 부서는 이 같은 방법으로 성장했다. 나아가 웰스파고는 '원스톱 금융 서비스'를 제공하는 기업으로 업계에서 경쟁우위를 점했으며, 스스로도 교차판매 역량에 상당한 자부심을 보였다. 2010년 당시 CEO인 존 스텀프John Stumpf는 주주들에게 보낸 서한에서 자신들을 '교차판매의 제왕'이라고 자찬

한 바 있다.[72] 2015년까지만 해도 이러한 타이틀은 더욱 공고해지는 듯 보였다. 고객 한 명이 가입한 웰스파고의 상품은 평균 6.11개나 됐다. 업계 평균인 2.71개와 무려 두 배 이상 차이다.[73]

하지만 그때만 해도 교차판매 전략이 폭스바겐의 '클린디젤급 핵폭탄'이라는 걸 아무도 알지 못했다. 이 말이 내포하는 의미는 곧, 애초부터 경영진이 달성하지 못할 목표를 제시했다는 뜻이다. 직원들은 목표를 달성하지 못해 쫓겨날까 봐 두려움에 사로잡혔다. 그리고 그 시한폭탄은 결국 2016년 9월 8일 터져버렸다. 원스톱 금융 서비스 업체로 거듭난다는 웰스파고의 꿈이 산산조각 나버렸다. 그간 커뮤니티 뱅킹 부서에 만연한 위법 행위가 모두 드러났기 때문이다. 웰스파고는 소비자금융보호국CFPB을 비롯해 규제 당국 두 곳으로부터 총 1억 8500만 달러, 한화로 약 2000억 원의 벌금형을 선고받았다. 스텀프도 바로 그다음 달 CEO직에서 물러났다.[74] 한 가지 더 안타까운 사실은 웰스파고 사태 역시 충분히 예측할 수 있었고, 물론 얼마든지 피할 수도 있었다. 그들에게는 과연 어떤 문제가 도사리고 있었던 걸까?

2000년대 초반, 웰스파고의 경영진은 '여덟 개씩 판매하자Going for Gr-Eight'는 전략을 직원들에게 밀어붙였다. 고객 한 명당 여덟 개씩 말이다. 지금까지 전례가 없던 목표 수치였다. 목표 달성을 위해 별도의 인센티브 제도가 마련되었다. 일반 직원에게는 상품 한 개당 수수료 1퍼센트, 지점장에게는 지점 매출 목표 달성 시 특별 보너스가 주어졌다. 본사 간부급들은 교차판매 실적에 따라 연간 보너스가 주어졌다.[75]

실적 파악은 매우 엄격하고 철저하게 진행됐다. 좀처럼 달성하기 힘든 목표치가 주어졌지만, 개개인의 달성률은 매일 '모티베이터 리포트Motivator Report'라는 곳에 일지 형태로 기록되었다.[76] 나아가 각 지점은 하루 네 번(오전 11시, 오후 1시·3시·5시)씩 실적 현황을 보고했다.[77] 한 지역의 총괄대표는 '수단과 방법을 가리지 말고 교차판매를 실시하라'고 주문했고,[78] 일부 지점에서는 판매량을 다 채우지 못한 날에 퇴근하는 건 꿈도 꿀 수 없는 일이었다.[79]

당연히 달성률이 부진한 직원은 따로 모여 별도의 교육을 받았다. 주로 목표 관리에 대한 내용이었다. 여기에는 고객에게 억지로 상품을 판매하는 묘책이 포함돼 있었다. 교육을 받고도 실적을 내지 못한 직원에게는 더 이상의 기회가 주어지지 않았다. 곧바로 해고 처리됐다. 관리자급 직원이 일명 '실적 단두대'에 올라 공개적으로 비난받으며 해고되기 일쑤였다.[80]

웰스파고에 관해 흉흉한 소문이 돌기 시작한 건 2013년 초 무렵이었다. 직원들이 판매 목표를 채우기 위해 의심스러운 관행을 이어오고 있다는 소식이 곳곳에서 들려왔다. LA 지사에서 근무한 한 직원은 당시 관행을 이렇게 전했다. "직원들이 고객의 동의 없이 계좌를 개설하거나 신용카드를 발급해 일단 실적을 채웁니다. 만약 이 사실이 고객에게 발각되면 전산에 문제가 있었다는 식으로 둘러댑니다. 특정 제품은 묶음 판매만 가능하다고 거짓말해놓고 이것저것 끼워 파는 것도 다반사였죠."[81] 이뿐만이 아니었다. 직원들은 고객에게 생활비, 여행자금, 비상 용도 등의 명목으로 계좌 수를 불필요하게 늘리라고 종용하거나,[82] 온라인 뱅킹에 가입시키기 위해 허위로 이메일 주소를 만들기도 했다.[83]

이 사안에 대해 웰스파고도 그 나름 자구책을 찾았던 것으로 보인다. 2011년부터 2016년까지 '윤리 지침 위반'을 이유로 5300여 명의 임직원이 해고됐고,[84] '질적 판매'라는 이름의 보고 카드를 도입해 판매 조건에 몇 가지 제한을 두었다.[85] 나아가 윤리 교육도 확대했으며, 허위 계좌의 개설을 엄격하게 금한다는 공표를 내걸기도 했다.[86] 그러나 한 가지 빠진 게 있었다. '여덟 개씩 판매하자'는 전략 자체에는 아무런 변화가 없었다는 점이다. 폭스바겐 기술자들이 합법적인 방법으로는 클린디젤 엔진을 개발할 수 없었던 것처럼, 웰스파고 직원들은 불법 행위를 저지르지 않고는 목표한 실적을 채울 수 없었다. "위에서는 윤리적으로 행동하라고 경고했지만, 그게 현실적으로 가능했을까요? 우리도 월급은 받아야 했는데요."[87] 당시 한 직원의 회상이다.

결국 주정부와 중앙정부가 나서 웰스파고의 불법행위를 조사했다. 그 결과 2011년부터 2016년까지 커뮤니티 뱅킹 부서가 실적을 올리기 위해 고객 몰래 계좌를 개설하거나 신용카드를 발급한 건수가 무려 200만 건에 달했다. 이들은 또 팔지도 않은 상품이나 서비스를 마치 판매한 것처럼 허위로 보고했다.[88] 그런 와중에도 일부 직원은 동료의 위법 행위를 상사에게 보고하거나 윤리 부서에 신고했다. 심지어 스텀프에게 직접 이메일을 보낸 직원도 있었다. 하지만 정작 해고 조치는 문제를 제기한 당사자에게 내려지곤 했다. 사유는 모두 '내부 고발'이었다.[89]

웰스파고 사태는 단순히 누구 하나의 잘못으로 치부할 수 없는 일이다. 불법 행위를 저지르지 않고는 도저히 달성할 수 없는 목표가 문제의 핵심이었다. 웰스파고의 직원들은 반대가 용납되지 않는 환경에서 근무했고, 경영진은 그런 그들에게 오직 하나의 메시지만 주입했다.

'팔아라, 못 팔면 해고다!'

## 규제 당국은
## 누가 규제 하나

폭스바겐과 웰스파고 사례를 통해 두려움의 문화가 회사의 성장에 치명적이라는 걸 확인했다. 그렇다면 다른 기업에 서비스를 제공하거나 그들의 활동을 감시하는 경우라면 어떨까? 두려움이 기업 간의 관계를 악화시키거나 사회 전체를 위험으로 몰고 가는 경우는 어떤 때일까?

2008년 말 글로벌 금융위기가 닥쳤다. 동시에 뉴욕 연방준비은행을 향해 매서운 질타가 쏟아졌다. 여러 대형 은행의 과도한 위험 부담을 효과적으로 관리하지 못한 탓이다. 연방준비은행은 곧바로 자체적인 진상조사에 나섰다. 당시 총재였던 빌 더들리 Bill Dudley는 콜롬비아 경영대학원 교수 데이비드 베임 David Beim에게 조직의 운영 방식을 구체적으로 평가해달라고 요청했다. 시중은행을 관리·감독하는 규제 기관으로서 역량을 강화하고, 추후 발생할지 모르는 제도적인 위험을 감지하기 위해서였다.

베임 교수는 연방준비은행의 임직원 약 25명을 인터뷰했다. 주로 팀장급 인사가 그 대상이었다. 인터뷰 내용은 글로벌 금융위기 당시 그들의 잘잘못을 분석하는 방식이었다. 조사 내용은 「제도적 위험과 은행 감독 보고서 2009 2009 Report of Systemic Risk and

Bank Supervision」라는 이름으로 발간되었고, 주로 사내 문화와 직원 간의 의사소통을 다뤘다. 베임 교수는 보고서에서 이렇게 언급했다. "골드만삭스Goldman Sachs 같은 민간 은행을 감시해야 할 규제 담당자들이 심하게 위축돼 있고 수동적인 태도를 보였다. 전반적으로 심리적 안정감이 매우 낮았기 때문이다." 부서 간의 의사소통도 효과적일 수 없었다. 뭔가 중요한 문제가 발생했을 때 이를 지적하거나 들춰내는 사람도 없었다. 담당자들은 그저 윗선의 지시만 따를 뿐이었다.

특히 민간 은행에 개입해 업무 처리 절차와 정책 등을 의논할 때 문제가 두드러졌다. 실제로 그들은 모든 대형 은행에 직원을 파견했다. 그러나 연방준비은행에서 파견된 직원과 시중은행 직원의 관계는 대부분 무척 껄끄러웠다. 이들 사이에 정보 불균형이 존재했기 때문이다. 연방준비은행의 담당자가 시중은행에 정보를 요청하면, 은행 쪽에서는 이를 쉽게 내주는 일이 거의 없었다. 심지어는 연방준비은행의 담당자가 원하는 정보를 손에 넣기 위해 은행 쪽에 굽신거리기까지 했다. 베임은 인터뷰를 시작한 지 고작 3주 만에 연방준비은행과 시중은행 사이에 '규제 포획Regulatory Capture' 현상이 나타나고 있음을 포착했다. 규제 포획이란 한마디로 규제 기관이 규제 대상에 의해 포획되는 현상이다. 저널리스트 아이러 글래스<sup>Ira Glass</sup>의 묘사로는 이렇다. "감시견이 침입자를 보고 짖는 게 아니라 얼굴을 핥으면서 공놀이하자고 조르는 것과 마찬가지다."

안에서 새는 바가지는 밖에서도 샌다. 베임 교수는 조사 끝에 "연방준비은행의 가장 큰 약점은 개인이 목소리를 내는 데 두려워한다는 것이다"라고 말했다. 인터뷰에 참여한 직원들은 '아주 작은 실수조차 용납되지 않는 회사다', '윗선의 생각과 동떨어져 있으면 본인만 피곤하다' 등의 회사를 향한 다양한 평가를 내놨다. 이런 상황에서 시중은행에 파견된 직원은 그곳에서도 최대한 부딪치지 않는 쪽을 택했다. 두려움이 지배하는 문화 속에서 구성원이 제 임무를 효과적으로 수행하지 못한 상황이다.

이렇듯 두려움에 지배된 조직 문화에서는 원하는 정보를 손에 넣을 힘도, 이를 거부하는 기업에 철퇴를 내릴 힘도 모두 다 무용지물이 된다.

# 직원을 가족처럼
## – 베리웨밀러

베리웨밀러는 제조업계에서도 심리적 안정감이 매우 중요하다는 걸 증명한 대표적인 사례다. 이때 심리적 안정감의 효과는 기업의 이윤 창출과 임직원의 성장이라는 두 가지 측면에서 동시에 나타났다.[90]

베리웨밀러는 1880년대 중반 미국 미주리주 세인트루이스에서 양조산업용 기계를 제작하며 업계에 발을 들였다. 오늘날에는 세계 28개국에서 100여 개의 점포를 거느리며 1만 2000명의 직원을 둔 거대 기업으로 성장했다.[91] 시가총액은 한화로 3조 6000억 원 규모에 이른다. CEO인 밥 채프먼은 2015년 마케팅

석학 라젠드라 시소디아<sup>Rajendara Sisodia</sup>와 함께 자신의 경영 철학을 담은 책『중요하지 않은 사람은 없다<sup>Everybody Matters</sup>』를 펴내며 회사의 성공 지표가 '직원의 감동'이었음을 고백했다. 그러면서 '직원을 가족처럼' 대하는 태도가 심리적 안정감을 형성하는 데 매우 효과적이었다고 설명했다. 실제로 채프먼은 호칭부터 '직원' 대신 '팀 구성원'으로 대체했다.

베리웨밀러의 철학은 글로벌 금융위기 때 더욱 빛을 발했다. 주문량이 급격히 감소해 누가 봐도 구조조정이 불가피한 상황이었다. 하지만 채프먼은 일종의 '희생 분담' 방식을 택했다. 어느 한 가족이 심각한 피해를 입지 않도록 모든 가족이 고통을 조금씩 나누자는 뜻이었다.[92] 모든 임직원에게는 직급에 관계없이 한 달간의 반강제 무급휴가가 주어졌다. 채프먼은 자신의 급여도 한화 1100만 원 수준으로 자진 삭감했고, 임원 수당과 퇴직연금 계좌에 넣는 기부금의 지원 역시 중단했다.

결과는 어땠을까? 노조의 태도부터 달라졌다. 그들은 회사의 방침을 적극적으로 지지했다. 일명 '무급휴가 시장'이라는 제도를 형성해 서로의 형편에 따라 휴가를 교환하기도 했다. 형편이 좀 나은 직원이 그렇지 못한 직원을 대신해 더 오래 휴가를 다녀오는 식이었다. 그 결과 단 한 명의 해고자도 없이 베리웨밀러는 세계 경제 위기를 비교적 쉽게 벗어날 수 있었다. 심지어 2010년에는 기록적인 수익도 달성하면서 말이다.


## 직원과 함께 만드는
## 리더십 가이드

수많은 리더가 입으로는 '가족 같은 회사'를 추구한다고 말한다. 하지만 직원들이 받아들이는 '가족'과 경영진이 생각하는 '가족'은 문자만 같지 그 뜻이 다른 경우가 허다하다. 그렇다면 베리웨밀러는 어떻게 회사의 가치를 직원에게 스며들게 했을까? 회사의 발전 과정에서 그 해답을 찾을 수 있다.

베리웨밀러는 실적이 낮은 회사를 인수하며 몸집을 키워나갔다. 본격적으로 수익을 내기 시작한 건 1980년대 중반부터였다. 인수한 회사 대부분이 포장용기나 종이 등 산업물품을 제조하는 업체였는데, 이를 하나하나 인수할 때마다 고유의 문화와 비전을 더욱 공고히 하는 계기로 삼았다(이 책을 집필한 시점에 그들이 인수한 회사는 100여 개에 달한다[93]).

사내 임직원을 교육할 용도로 제작된 「리더십 가이드 원칙

Guiding Principles of Leadership」에는 직원 스스로 자부심을 느끼고, 서로 신뢰하는 환경을 만들며, 개인의 역량을 최대치로 끌어올리는 행동 지침을 담았다.[94] 채프먼은 이 문서의 초안이 완성됐을 때 이를 들고 각 부서를 순회했다. 직원들과 직접 마주 앉아 피드백을 받으며 최종 원고를 완성할 요량이었다. 그는 이 과정에서 회사가 개개인을 믿고 있다고 보여주는 게 가장 중요하다는 사실도 깨달을 수 있었다. 또한 출퇴근 기록표를 쓰게 하거나 휴식 시간을 종소리로 알려주는 것, 재고실 문을 자물쇠로 채워두는 행동은 직원들의 이 같은 신뢰를 깨트린다는 사실도 알게 되었다.

채프먼은 즉시 사기를 떨어뜨리는 모든 관행을 없애버렸다.[95] 돌이켜봐도 책임 있는 성인들을 대상으로 한다기엔 적절치 못한 관행이었다. 직원들은 자신의 목소리가 실제 정책에 반영되자, 오히려 '경영진과의 대화'를 제도화해달라고 요청했다. 그리고 이는 오늘날까지도 직원들의 솔직한 생각을 듣는 소중한 시간으로 제 역할을 다하고 있다. 채프먼은 또한 '최고로 대접하되 보상은 공정하게'라는 원칙을 강조하며 직원들의 이탈을 막고 있다.[96]

## 데스크가 아닌
## 현장에서 조언 구하기

조립 공장에서 벌어지는 업무 대부분은 반복적이며 복잡하다. 절차를 개선하느냐, 기존대로 고수하느냐는 업무 성과에 직접적인 영향을 끼친다. 하지만 아무도 섣불리 절차를 개선하려 들지 않는다. 일이 더욱 복잡해져 동료들의 화만 돋울 수 있기 때문이다. 때로는 윗선의 지시로 어쩔 수 없이 개선하긴 하지만, 가장 이상적인 모습은 아무래도 직원들이 자발적으로 나서 업무 절차를 혁신하는 일이다. 두려움 없는 조직에서라면 '카이젠Kaizen', 즉 경영 방식을 끊임없이 개선하는 과정이 적극적으로 이루어진다.

채프먼은 위스콘신주 그린만 지역에서 대리점을 준비할 때의 이야기도 들려주었다. 부품의 주문배송 시스템을 개선하고자 부서별로 한 명씩 열 명의 책임자가 모여 의논하는 자리가 마련됐다. 하지만 이 자리에서 논의되는 내용은 모두 실효성이 없었다. 결국 다른 부서의 책임자들까지 모아 일주일의 시간을 더 할애했지만 이번에도 확실한 방법을 찾지 못했다. 결국 세 번째 팀이 꾸려졌다. 달라진 점이 있다면, 팀장급 인사는 단 둘뿐이고 나머지는 지게차 기사, 조립 기술자, 포장 담당자, 서무 인력 등 현장의 인력으로 열 명을 채웠다는 사실이다. 그제야 개선 방법이 명확해지기 시작했다. 채프먼의 설명을 이어서 들어보자.

"현장 인력들은 판지를 잘라 공장 바닥에 직접 펼쳐보았습니다. 설비를 운반할 때 카트나 지게차가 대리점 안으로 들어올 수 있는지, 있다면 그 높이가 어느 정도인지를 가늠하는 방법이었죠. 운반할 때는 이동 면적 등을 고려해 설비 간 간격을 너무 좁게 잡지 말라는 지적이 있었습니다. 또 원거리 동선은 가벼운 부품 위주로 짰고, 지게차 운반에 드는 시간과 과정 중 발생할 수 있는 위험 요소, 실내와 실외 환경 등이 꼼꼼하게 체크됐습니다."[97]

이처럼 관련 분야의 실무자를 실제 회의에 참여시키면 경영진이나 그 외 고위급 관계자가 탁상에서 의논할 때보다 목표를 더 효과적으로 달성할 수 있다. 채프먼은 이렇게 고안한 방식을 5년이 지난 지금까지도 여전히 잘 사용한다고 전했다. 그러면서 이런 말을 덧붙였다. "현장 직원들은 모든 구성원에게 도움을 줄 요량으로 한층 의미 있고, 인간적이며, 지속가능한 업무 절차를 만들었습니다."[98]

두려움 없는 조직을 만든다는 건 시도조차 할 수 없을 만큼 어렵거나 힘든 과정이 아니다. 오히려 그 반대다. 베리웨밀러의 경영진처럼 이른바 '참여 유도'를 통해 어떤 조직보다 탁월하게 조직에 심리적 안정감을 불어넣을 수 있다.

# 리더십 자기평가

이번 장에서 다룬 '심리적 안정감을 구축하는 세 가지 방법'은 시도 자체가 어렵지는 않다. 다만 지속적으로 노력을 기울여야 한다는 점에서 인내심이 필요하다. 리더 스스로 시간을 들여 거듭 연습해야 하고,[99] 중간중간 자기평가를 통해 자신이 옳은 방향으로 조직을 이끌어가고 있는지 계속해서 점검해보는 과정이 필요하다.

다음 페이지의 질문을 읽고 얼마나 많은 요소가 지켜지고 있는지 스스로 점검해보자.

# I. 토대 만들기

## 업무를 바라보는 프레임 짜기

☑ 업무의 속성을 명확히 정의했는가? 업무의 복잡성과 상호의존성은 어느 정도인가? 어느 정도의 불확실성이 존재하는가? 업무의 속성을 얼마나 자주 직원들에게 언급하는가? 업무의 속성에 대한 직원들의 이해 정도를 얼마나 잘 평가하고 있는가?

☐ 업무의 속성을 기반으로 직원들의 실수에 올바로 대처했는가? 사소한 실수는 발전과 개선의 토대가 될 수 있음을 언급했는가? 새로운 프로젝트를 단번에 성공시키는 건 거의 불가능하다는 사실을 강조했는가?

## 목적 강조하기

☐ 우리의 업무가 왜 중요한지, 누구를 위해 어떤 차이를 만들어내는지 분명히 강조했는가?

☐ 업무나 산업의 존재 이유가 명확하다고 해도 이에 대해 얼마나 자주 언급하는가?

## II. 참여 유도하기

### 상황적 겸손함 보여주기

□ 리더로서 내가 모든 정답을 알고 있지 않다는 사실을 직원들에게 분명히 인지시켰는가?

□ 우리 모두는 끊임없이 배워야 하는 존재임을 강조했는가? 모든 업무에 겸손하고 호기심 어린 자세로 임해야 한다는 것을 확실히 전달했는가?

### 적극적으로 질문하기

□ 형식적 반문이 아닌 의미 있고 효과적인 질문을 얼마나 자주 하는가? 혹시 내 생각만 주장하고 있지 않은가? 직원들의 생각과 의견을 얼마나 자주 묻는가?

□ 생각의 폭과 깊이를 확장할 수 있는 질문을 하고 있는가?

## III. 생산적으로 반응하기

**가치 인정하기**

☐ 상대방의 말에 귀 기울이면서 내가 듣고 있는 바가 매우 중요한 내용임을 시사했는가?

☐ 자신의 생각을 기꺼이 표현해준 상대방의 노력을 인정하며 감사 표시를 했는가?

**실패라는 오명을 제거하기**

☐ 실패라는 오명을 털어내기 위해 어떤 노력을 했는가? 창조적 실패를 기념하며 축하해주기 위한 방법을 고민해보았는가?

☐ 좋지 않은 소식을 보고하는 행위가 긍정적인 경험이 되게 하려면 어떻게 해야 하는가?

☐ 실패 이후 방향 설정에 도움을 주었는가?

**규칙 위반 시 제재하기**

☐ 비난받아 마땅한 실패와 기념하며 축하할 실패를 명확히 구분하는
가? 조직에서 비난받아 마땅한 행위가 무엇인지에 대해 구성원은 알
고 있는가?

☐ 규칙 위반 행위에 엄격히 대응했는가?

# 3장

최고의 조직은
어떻게
혁신을 거듭하는가?

# 심리적 안정감에
# '완결편'은 없다

"학습의 가장 큰 장애물은
이미 다 알고 있다는 생각이다."
― 존 맥스웰John Maxwell[1]

자, 이제 심리적 안정감이 조직의 성장에 토대가 된다는 건 모두가 알게 되었다. 조직은 모든 구성원이 거리낌 없이 문제를 제기할 수 있을 때, 지속적으로 학습하고 혁신하며 앞으로 나아간다. 특히 어느 것 하나 제대로 예측하기가 힘든 오늘날의 산업 환경에서 돌파구를 찾는 해답은 구성원의 목소리에 담겨 있다. 직원들의 목소리는 곧 변화의 신호며, 창의적이고 새로운 아이디어를 가져다주는 힘의 원천이기 때문이다.

## 꾸준히 변할
## 용기가 있는가?

앞서 우리는 두려움을 몰아내고 학습과 혁신, 성장을 추구하는 조직 문화를 만들기 위해 리더가 실천해야 할 세 가지 방안을 짚어보았다. 여기서 추가로 기억해야 할 사실이 하나 더 있다. 두려움을 극복하는 가장 강력한 무기인 심리적 안정감은 쌓는 것보다 무너지는 것이 훨씬 쉽다는 것이다. 리더의 끊임없는 노력이 필요한 이유다.

문제를 제기하는 것과 침묵하는 것, 자기를 표현하는 것과 보호하는 것 사이에서는 언제나 후자가 선호돼왔다. 그리고 이러한 선택에 따른 보상이 판이하다는 것도 어느 정도 증명된 사실이다. 침묵과 자기보호의 결과는 공허한 승리뿐이지만, 문제 제기와 자기표현의 결과는 성취감과 소속감으로 귀결된다. 이는 쉽게 말해 '패배를 피하기 위한 경기'냐 '승리를 거두기 위한 경기'냐의 차이라고도 볼 수 있다.[2]

그렇다면 자신에게 이런 질문을 해보자. '과연 나는 승리를 위한 자세를 취하고 있는가?' 실패만 피하자는 각오로 업무와 마주한다면 실제로 실패만은 피할 수 있을지도 모른다. 반면 성장하고 혁신하며 좀 더 깊이 있는 만족감을 얻기는 힘들다. 하지만 승리가 그 목적인 경우 결과는 완전히 달라진다. 공개적으로 창피를 당하는 일쯤이야 생길 수 있어도, 세상을 바꾸는 일에 조금

이나마 일조한다는 보람과는 맞먹을 정도는 아니다.[3]

심리적 안정감을 경험하는 최고의 방법은 이미 그 안정감이 실재하는 것처럼 행동해보는 것이다. 이후에 어떤 일이 일어나는지 한번 지켜보라. 주위의 환경은 이전보다 훨씬 더 안전하고 에너지 넘치는 곳으로 바뀌어 있을 것이다. 리더십은 비단 조직의 최상위층만이 가져야 할 덕목이 아니다. 능동적으로 일하려는 모든 직위의 구성원이 갖춰야 할 필수 요소다. 리더십의 핵심은 혼자서는 성취할 수 없는 목표를 서로의 노력으로 함께 이뤄가는 데 있다. 구성원 개개인이 자신의 역량과 기술을 바탕으로 업무에 최대한 매진하도록 돕는 일이다. 침묵을 지키는 대신 솔직하게 표현하고, 두려움을 갖는 대신 적극적으로 참여하게 하는 것, 이 책이 전하는 바는 오늘날 모든 조직의 구성원에게 강력한 무기가 되어줄 것이다.

심리적 안정감이 없어 사업적으로 치명적인 실패를 하거나 조직 구성원과 고객이 다치고 죽는 경우를 숱하게 보았다. 반대로 서로가 솔직하고 적극적으로 표현해 괄목할 만한 성과를 거둔 조직도 있었다. 현재의 모습이 바람직하다고 해서 언제까지나 조직이 심리적으로 안전하리라는 보장은 없다. 그 반대도 마찬가지다. 때로는 실패의 쓰라린 경험이 두려움과 침묵에 사로잡힌 기업에 유의미한 변화를 이끌기도 한다. 심리적 안정감은 살아 있는 생물과 같아서 그 자리에 그대로 머물러만 있지 않는다.

## 역풍을 거스르는
## 항해사처럼

　　　　　　　　　　조직에 심리적 안정감을 구축하는 일은 항로에 따라 정보 편차가 큰, 다소 불안한 항해를 시작하는 것과 같다. 조류와 바람의 방향이 수시로 바뀔 때는 지위 고하를 막론하고 한 배에 탄 모든 선원과 선장이 적극적으로 협력해야 한다. 심리적 안정감을 구축하려는 조직에서도 이 같은 노력이 필요하다. 오른쪽으로 방향을 잡고 나아가던 배가 역풍을 맞으면 곧장 방향을 틀어 왼쪽으로 이동하듯이, 문제를 제기한 구성원도 역풍에 좌초되지 않도록 자유자재로 방향을 바꿔가며 팀을 이끌어야 한다.

　신생아에게 폐표면 활성제를 투여하자고 문제를 제기하거나, 광부들의 신체적 위험을 더는 받아들일 수 없다고 말해보자. 문제를 제기한다는 이유로 역풍에 부딪혔는가? 그렇다면 과감히 방향을 틀어라. 상사는 내 말에 귀를 기울일 수도, 응답하지 않을 수도 있다. 심지어는 불가능한 일이라며 핀잔을 주거나 승진에서 제외시킬 수도 있다. 하지만 끊임없이 문제를 제기하면 역풍의 기세만큼은 확실히 사그라진다.

　반대로 당신이 광산 업체의 CEO라면 안전 기준이 확립될 때까지 폐쇄 조치를 내려보라. 현장의 인부들에게 의견을 구해볼 수도 있다. 당신이 의사라면 간호사에게 먼저 환자의 안전이 확보됐는지 물어라. 그리고 안전에 관한 문제 제기가 해고의 위험으로 이어지지 않도록 보장하라. 모르는 건 모른다고 솔직하게 인정하고, 실패를 고백하며, 또한 사과하라. 그리고 도움을 요청하기를 주저하지 마라. 끊임없이 방향을 바꿔가며 역풍을 견디다 보면 얼마 후 항해는 순항을 거듭할 것이다.

심리적 안정감을 구축하는 일은 크고 작은 방향 수정을 거쳐 끊임없이 앞으로 나아가는 과정이다. 역풍에 대처하듯 때로는 오른쪽으로, 때로는 왼쪽으로, 다시 오른쪽으로 방향을 틀며 묵묵히 전진하는 여정이다. 바람이 언제 바뀔지는 아무도 모른다. 그리고 원하는 방향은 결단코 우리 손에 한 번에 쥐어지지 않는다.

# 솔직하라,
# 한 번도 상처받지 않은 것처럼!

"우리가 두려워해야 할 것은 단 하나,
오직 두려움 그 자체다."

– 프랭클린 루스벨트Franklin D. Roosevelt[4]

두려움 없는 조직을 만드는 것은 어쩌면 불가능한 일인지도 모른다. 직장 동료나 상사의 눈에 괜찮은 사람처럼 보이고 싶은 마음은 구성원으로서 당연한 욕구이며 누구도 이를 포기하라고 강요할 수 없다. 그럼에도 불구하고 점점 더 많은 조직이 두려움을 없애기 위해 노력하고 있다. 그리고 이들 조직의 리더는 심리적 안정감이 지식 기반 사회에서 핵심 요소라는 데 깊이 수긍한다.

하지만 그 과정이 늘 흥미롭지는 않다. 심리적 안정감은 끊임없이 관리하고 지켜내야 할 대상이다. 다만 앞으로 볼 사례가 증명하듯이 분명한 성과는 기대해도 좋다. 자신의 노력이 존중받고 있다고 느끼는 구성원이 업무에 진심을 다해 매진할 때, 그 누구보다 뛰어난 성과를 발휘할 수 있기 때문이다.


## 픽사의 직원은
## 모두 비평가가 된다

1990년대 중반 유년기를 보냈다면 「토이스토리」를 모르는 사람이 없을 것이다. 1995년 픽사가 만든 최초의 컴퓨터 애니메이션으로, 픽사의 기업공개에 따르면 해당 영화가 나온 해에 최대 성과를 기록했다.[5] 이후 픽사의 행보는 당신이 아는 그대로다. 열아홉 편의 영화를 출시하면서 상업적으로나 비평적으로 엄청난 성공을 거두었다. 단 한 작품을 성공시키기도 어려운 영화산업에서 한 회사가 이토록 많은 작품을 잇달아 흥행시킨 건 유례없는 일이다. 어떻게 이 모든 일이 가능했을까? 그 답은 특별한 리더십에서 찾을 수 있다. 직원의 창의성과 비판 의식이 동시에 향상되는 환경을 조성한 덕분이다. 픽사는 영화를 만드는 곳이지만, 이들의 운영 방식은 모든 산업에서 심리적 안정감이 통용될 수 있다는 걸 보여준다. 영화가 인류 공통의 문화이듯 말이다.

픽사의 공동창업자 에드윈 캣멀은 성공의 열쇠로 '솔직함'을 꼽았다. 그가 말하는 솔직함이란 '숨김없이 터놓고 이야기하는 문화'를 가리킨다. 이는 곧 심리적 안정감과 같은 말이다.[6] 솔직함이 기업의 문화가 된 조직에서는 구성원이 굳이 침묵할 필요를 못 느낀다. 자신의 의견이나 비판적인 생각을 털어놓지 못해 입이 근질거리기 때문이다. 이 과정에서 깔깔거리며 웃기도 하고 시끄럽게 떠들기도 한다. 캣멀은 모든 조직의 리더에게 '당신도 한 번쯤은 솔직함을 제도화해보라'고 권한다. 이미 잘 알려진 픽사의 '브레인트러스트Braintrust'처럼 말이다.

브레인트러스트는 일종의 의견 교환 과정이다. 몇몇이 그룹을 지어 한두 달에 한 번씩 정기적으로 만나 함께 점심을 먹고 제작 중인 영화를 관람한다. 그러고는 해당 영화감독에게 영화의 감상평을 솔직하게 들려준다. 1999년 「토이스토리2」의 제작 방향을 잃고 방황하던 픽사가 탈출구를 찾고자 고안한 방법이다. 여기에서 핵심은 솔직함이다. 이는 매우 간단해 보이지만 실천하기엔 결코 쉽지 않다.

캣멀은 솔직하게 인정했다. "사실 「토이스토리」의 초기 버전은 형편없었죠."[7] 즉, 애초의 기획대로 출시했다면 흥행이 어려웠을 거라는 말이다. '장난감의 비밀 생활'이라는 흥미로운 주제를 너무 따분하고 재미없게 그려놓기도 했다. 하지만 픽사의 브레인트러스트는 꽤나 솔직했고, 방향은 유연하게 수정되었다. 만약 이 자리에서 그저 입에 발린 칭찬만 늘어놓았다면, 「토이스토리」는 물론이고 「토이스토리2」의 기록적인 흥행은 애초에 불가능했을 것이다.

브레인트러스트에는 몇 가지 규칙이 있다. 첫째, 평가 내용은 반드시 건설적이어야 한다. 더불어 그 대상은 제작진이 아닌 영화로 한정해야 한다. 마찬가지로 제작진도 방어적인 자세를 취하거나 이를 개인에 대한 지적으로 받아들여서는 안 된다. 진실을 마주할 용기가 있어야 한다. 둘째, 브레인트러스트에서 나온 의견은 단지 제안일 뿐 확실한 처방이 아니다. 윗선의 지시도, 반드시 지켜야 할 의무도 아니다. 영화의 최종 책임은 감독에게 있으며 제안된 내용을 수용할지 결정할 권한도 감독에게 있다. 셋째, 평가는 흠을 들춰내는 과정이 아니다. 영화에 대한 공감을 바탕으로 해야 한다. 이 과정에서 감독의 비전과 목표를 인정하고 격려해주는 말이 감독 스스로가 인원을 모집해 브레인트러스트를 운영하는 원동력이 된다. 캣멀은 이런 말도 덧붙였다.

"브레인트러스트는 기본적으로 호의적입니다. 도움을 주기 위한 과정이죠. 여기에는 그 어떤 이기적인 의도도 포함돼 있지 않습니다."[8]

이러한 맥락에서 브레인트러스트는 개개인의 합을 넘어선 그 이상이다. 비판의 날을 세운 채 무시무시하게 지켜보는 '남'이 아닌, 중립적이고 자유로운 태도를 가진 '하나의 그룹'이다. 구성원 한 명 한 명이 심리적 안정감을 바탕으로 자기 생각이나 의견을 자유롭게 표현할 수 있으면, 조직 전체에 쌓이는 집단지성은 감히 셈할 수도 없을 만큼 거대해진다. 개인의 관찰과 제안이 하나로 뭉쳐졌을 때 완전히 새로운 가치를 형성하기 때문이다.

사람마다 성향이나 특징, 가치관이 모두 다르다. 따라서 절차가 제대로 확립되지 않으면 브레인트러스트는 쉽게 궤도를 이탈할 수 있다. 처음에 기대한 효과를 제대로 거두고자 한다면 담당자는 지속적으로 브레인트러스트의 운영 현황을 점검해야 한다. 이때 구성원 각자의 전문성을 존중하고 그들의 의견을 신뢰하는 태도가 큰 도움이 된다. 앤드루 스탠턴Andrew Stanton 감독은 브레인트러스트 멤버를 결성하는 효과적인 방법을 귀띔해주었다. "구성원 전체가 좀 더 현명하게 생각하도록 조언하면서 짧은 시간에 여러 가지 해결책을 제시할 수 있는 사람을 선택하세요."[9] 스탠턴의 제언은 심리적 안정감이 왜 혁신과 성장에 필수적인지 분명하게 보여준다. 생각을 발전시키는 데 동료들의 조언은 꼭 필요하며, 그 조언은 당사자가 입 밖으로 꺼냈을 때만 유효하기 때문이다.

이쯤에서 앞선 폭스바겐의 사례를 상기해보자. 디젤 엔진을 생산한 후 브레인트러스트 과정을 거쳐 서로의 의견을 좀 더 솔직하게 나눴다면 어땠을까? 아마도 회사의 운명이 완전히 달라지지 않았을까?


## 흥행 참패를 막기 위한
## '실패할 자유'

픽사의 직원들에게는 실패할 자유도 자유다. 캣멀이 언급한 두 번째 성공의 비결 역시 '실패'다. 영화 제작사로서 픽사가 가장 피하고 싶어 하는 결과는 흥행 참패다. 이보다 더 무시무시한 일은 없기에, 제작 초기 단계에서 발생하는 실패 정도야 귀여운 애교쯤으로 흔쾌히 받아들여진다. 같은 맥락에서 보면 브레인트러스트 역시 실패를 존중하는 문화의 일환이다. 초기 단계의 영화는 아무리 형편없어도 괜찮다는 의미다. 스탠턴은 영화 제작을 '자전거 타기'에 비유했다. 처음부터 잘 타는 사람은 아무도 없고, 어느 정도 숙달되려면 수없이 넘어져봐야 한다는 의미다.[10]


"실패할 자유가 없으면 사람들은 새로운 도전 없이 기존에 성공을 보장했던 안전한 방식만 되풀이합니다. 결국 아무런 혁신도 없이 과거의 것을 그대로 모방한 결과물이 나올 수밖에 없어요."[11]

영화뿐만 아니라 모든 산업에서 시행착오는 혁신에 꼭 필요하다. 하지만 그 실패가 얼마나 쓰리고 아픈지는 캣멀도 충분히 공감한다. 말이 쉽지 자신의 실패를 마주하고 인정하는 일은 결코 쉽지 않다. "진정한 의미의 실패는 실패한 현실 그 자체와 실패 후에 성장하게 될 모습까지 모두 인정하는 것이죠."[12]

실패를 두려움이나 피해야 할 대상으로 여기지 말고 배우고 학습하는 과정으로 생각해보자. 자전거를 처음 배울 때는 무릎도 까지고 팔꿈치에 멍이 드는 것처럼, 아주 훌륭하고 독창적인 영화를 만들기 위해서는 심리적 고통도 뒤따른다. 오히려 학습 과정에서 철저히 실패의 고통을 받아들여야 이후에 더 큰 고통이 기다리지 않는다. 캣멀은 이렇게 경고했다. "리더가 시행착오 과정에서 뒤따르는 실패를 용납하지 못하면, 결국 비운의 결말이 기다릴 뿐입니다."[13]

단, 픽사가 인정하는 실패에는 뚜렷한 원칙이 있다. 제작에 들어가기 전 개발 단계는 몇 년이고 충분한 시간을 갖는다. 이 기간 동안 감독에게는 기본급여가 지급되지만 추가 생산비용은 엄격히 제한된다. 또한 감독이 이유 없이 브레인트러스트 결과를 수긍하지 않거나 모든 조언을 거부한다면 조직은 기꺼이 그를 해고할 수 있다. 이는 픽사의 유일한 해고 사유이기도 하다.

픽사는 두려움과 실패를 제도적으로 분리하려는 노력을 했고, 앞으로도 해나갈 것이다. 어른 아이 할 것 없이 전 세계 모든 사

람에게 사랑받는 영화는 이처럼 쉽게 만들어지지 않는다.[14]


## 현실을 두려워한
## 노키아의 비극

노키아[Nokia]는 수 세기 동안 핀란드를 대표하는 기업으로 자국의 국내총생산[GDP]을 상당 부분 이끌었다. 그런 노키아의 몰락은 솔직하지 못한, 두려움으로 점철된 조직 분위기에 그 원인이 있었다. 노키아는 1980년대 세계 모바일 네트워크 산업을 선도하며 통신회사로 거듭났다. 1990년대에는 세계 휴대전화 생산량의 23퍼센트를 차지하며 글로벌 휴대전화 제조업체로 자리매김했다.[15] 이어 2000년대 후반에는 운영체제 심비안[Symbian]을 개발했고 앞으로 전개될 기하급수적인 스마트폰 성장에 모든 채비를 마친 듯 보였다.

그러나 노키아는 오늘날 스마트폰 시장에서 아련한 추억이 된 지 오래다. 2011년 6월에는 점유율이 눈에 띄게 감소하더니, 2012년에 이르러 75퍼센트 이상 급락했다.[16] 시가총액도 한화로 2조 6000억 원가량 감소했다. 결국 2013년 8월 노키아는 시장에 백기를 들며 휴대전화 사업부를 마이크로소프트[Microsoft]에 매각했다.[17]

이들이 실패한 원인은 폭스바겐이나 웰스파고처럼 각종 위법 행위를 저질렀기 때문이 아니다. 공통점이라면 사내에 두려움이란 문화가 지배적이었다는 것뿐이다. 실제로 2005년부터 2010년까지 노키아의 흥망성쇠를 함께한 엔지니어 76명을 심층 인터뷰한 결과, 이들이 휴대전화 사업에서 실패의 원인으로 꼽은 건 '두려움의 문화가 회사를 장악했기 때문'이었다.[18] 회사의 잘못된 비전이나 리더십이 부재한 탓이 아닌 "매사에 신경질적인 리더가 겁을 줘 진실을 터놓기 힘들었다"라는 고백이 이어졌다.[19]

이미 많은 사람이 알고 있다시피 노키아의 실패는 줄곧 피처폰에만 주력한 결과였다. 캐나다 림RIM에서 블랙베리를 출시한 이후 애플과 구글이 수십억 달러를 들여 IOS, 안드로이드를 개발한 것과는 대조적이다. 경영진은 막대한 개발비를 투자할 의지가 없었고, 조직에는 두려움이란 기류가 만연해 있었다. 중간 관리자들이 중요한 시사점을 던져도 경영진은 그저 '업무에 집중하라'는 말로 입막음했다.[20] 부당한 요구에 순응하지 못할 때는 낙오자로 찍히기 일쑤였다.[21] 한 전직 CEO는 직원들 앞에서 탁자를 너무 세게 친 나머지 그 위에 있던 과일이 모두 날아가버렸다는 말이 돌았다.[22] 노키아에서 역대 가장 신경적인 인물로 꼽히는 올리 페카 칼라스부오Olli-Pekka Kallasvuo 전 CEO는 목청이 터질 듯이 소리 지르는 인물로 묘사되곤 했다.[23]

경영진도 시장의 위협을 감지하지 못한 건 아니었다. 특히 애플과 구글의 소프트웨어 개발 소식에 상당한 두려움을 느꼈다.

당시 경영진이 느꼈던 공포에 대해 한 간부급 인사는 이렇게 설명했다. "아이폰에 상당한 두려움을 느꼈던 것 같아요. 중간 관리자를 모아 놓고는 최대한 빨리 터치폰을 개발하라고 지시했어요."[24] 그러나 터치폰 개발이 지지부진해지자 중간 관리자들은 경영진에게 현실과 다른 내용을 보고하기 시작했다. 두려움에서 비롯된 처세다. 그러고는 경영진에게 헛된 기대만 심어주었다. 당시 한 중간 관리자는 이렇게 회상했다. "기술개발팀은 경영진의 비위를 맞추는 데 '올인'했어요. 현실을 정확하게 파악해 보고하지 않고 그들이 기뻐할 만한 소식을 만드는 게 일이었죠."[25]

노키아에 심리적 안정감이 보장됐다면, 가속화되는 경쟁 체제에서 살아남을 수 있었을까? 그건 장담할 수 없다. 기업이 성공하기 위해서는 지속적인 혁신과 전문성, 독창성과 팀워크 등이 복합적으로 뒷받침돼야 하기 때문이다. 하지만 2013년 노키아가 심리적 안정감을 찾고 재기에 성공한 걸 보면, 조직은 두려움에서 벗어나는 것만으로도 얼마든지 성장할 수 있다.


## 두려움은
## 언제든 용기가 될 수 있다

모바일 사업부를 완전히 정리한 노키아는 네트워크 장비와 소프트웨어 개발, 각종 인수합병과 라이선스 계약, 사물인터넷[IoT] 등을 주력 산업으로 새롭게 정비했다. 교체된 경영진은 이전과 달리 크고 작은 의사결정을 깊이 있는 대화로 풀어나갔다. 알토대학교 티모 뷰오리[Timo Vuori] 교수와 인시아드대학원 응우옌 후이[Quy Huy] 교수가 190명의 임직원 대상으로 한 인터뷰 결과를 봐도 조직 개편 이후 이사회는 가장 먼저 자유롭게 토론할 수 있는 규칙부터 수립했다. 이를테면 '다른 사람의 말을 존중하는 태도로 경청한다'처럼 심리적 안정감의 토대로 작용하는 내용들이다. 그러나 몇 가지 대화의 규칙을 만든다고 해서 뿌리 깊은 관습이 하루아침에 바뀌지는 않는다. 인터뷰에 참여한 한 이사회 임원은 이렇게 설명했다. "간부급 경영진한 분에게 제 의사를 적대적으로 표현한 적이 있습니다. 그러자다음 날 아침 이사회 의장이 저를 부르더군요. 그분께 사과를 하라고요."[26] 신임 의장이 의식적으로 그들의 대화 규칙을 강조한 덕에 노키아는 재기에 성공할 수 있었다.

이렇듯 구성원들이 열린 마음으로 창의적인 의견을 마음껏 표출하는 분위기는 전적으로 리더의 손에 달려 있다. 노키아의 한 경영진은 이렇게 말했다. "신임 의장이 부임한 뒤로 우리 조직에 두려움이 사라졌습니다. 보고할 때도 깊이 생각할 필요가 없고요. 그저 그때그때 자유롭게 대화를 나누는 것이 가능해졌습니다."[27] 이후 노키아에는 새로운 관점과 전략이 다양하게 제시됐고 이에 따라 정보 수집과 분석도 활발해졌다. 픽사처럼 노키아에서도 불필요한 전략을 과감히 폐기했고, 만족할 만한 전략이 나올 때까지 논의 과정을 끊임없이 반복하고 있다.

# 귀를 열고
# '침묵의 소리'를 들어라

"조직 안에서 두려움을 몰아내는 일은
기나긴 여정이다."

– 에드워즈 데밍 W. Edwards Deming

전 세계 제조업계를 혁신적으로 바꾼 '품질경영의 아버지' 에드워즈 데밍의 말은 분명 아주 현실적이다.[28] 우리에게는 심리적 안정감을 하루아침에 만들 신비의 요술봉이 없다. 다만 목표를 분명하게 세우고 한 걸음 한 걸음 천천히 나아갈 뿐이다.

## 누군가는 예상했던 컬럼비아호의 폭발

2003년 2월 1일, 지구 대기권으로 귀

환하던 미국 항공우주국 나사의 우주왕복선 컬럼비아Columbia호가 참혹한 최후를 맞았다.[29] 우주선은 공중에서 폭발했고, 그 안에 탄 일곱 명의 승무원이 전원 사망했다. 우주 탐험은 매우 위험하고 치명적인 사고로 이어질 가능성이 크지만, 애석하게도 당시의 폭발은 사실 갑작스러운 사고가 아니었다.

사고 발생 2주 전, 그러니까 컬럼비아호가 대기권 밖으로 날아간 지 이튿날 나사의 엔지니어 로드니 로차Rodney Rocha는 당시의 순간을 담은 영상을 보고 있었다. 우주를 향해 치솟아오르는 우주선은 플로리다의 화창한 날씨만큼이나 몇 번이고 돌려봐도 완벽해보였다. 그런데 뭔가 이상한 점이 눈에 띄었다. 외부 연료탱크에서 단열재가 떨어져 나와 왼쪽 날개에 부딪힌 것 같았다. 영상의 화질은 좋지 않았고, 촬영 거리도 너무 멀었다. 실제로 기체가 얼마큼의 손상을 입었는지 확신할 수 없었다. 로차의 머릿속에는 공중으로 떨어져 나간 파손된 입자만이 둥둥 떠다닐 뿐이었다. 그는 정찰 위성을 통해 기체의 날개를 확인하고 싶었다. 이를 위해서는 회사가 미국 국방성에 정식으로 지원 요청을 해야 했다.

고심 끝에 로차는 상사에게 이메일을 보냈다. 국방성에 위성 사진을 요청해달라는 내용이었다. 하지만 상사는 단칼에 거절해버렸다. 로차는 동료 엔지니어에게 속상한 마음을 이렇게 토로했다. "일개 엔지니어 주제에 높으신 분에게 문제를 제기하면

안 되는 거였어."[30] 로차는 동료 엔지니어와 손상된 정도를 추측해보려 했다. 하지만 위성사진 없이는 의구심을 정확히 해소할 수 없었다. 일주일 후 컬럼비아호 매니지먼트 팀 공식 회의에서 단열재의 충돌 가능성이 짧게 언급되긴 했지만, 로차는 그 자리에서도 아무런 말을 할 수 없었다. 이미 한번 상처를 입은 그는 그저 침묵으로 일관했다.

결국 비극이 벌어졌다. 공식 조사에서 밝혀진 폭발의 원인은 '서류가방 크기의 단열재가 기체 날개의 가장자리를 치면서 커다란 구멍이 났기 때문'이었다.[31] 이와 함께 조사단은 두어 가지의 조치만 취했어도 끔찍한 참사는 막을 수 있었다고 덧붙였다. 사건을 보도한 ABC 뉴스 찰리 깁슨Charlie Gibson 앵커는 공식 회의에서 침묵을 택한 로차에게 그 이유를 물었다. 그는 이렇게 답했다. "아무 말도 할 수 없었습니다. 저는 말단 엔지니어이고 린다 햄Linda Ham 팀장님은 저보다 훨씬 높은 분이니까요."[32]

로차의 대답은 직장에서 문제를 제기하는 것과 관련한 심리를 아주 미묘하면서도 확실하게 보여준다. 그는 "말을 하지 않기로 했어요" 혹은 "말하는 게 옳지 않은 것처럼 느껴졌어요"라고 표현하지 않았다. "말을 할 수 없었다"라고 표현했다. 좀 이상하지만 이 같은 표현은 아주 적절하다. 뭔가 말할 거리를 갖고 있으면서도 그걸 말로 표현할 수 없는 심리 상태를 보여준다. 수많은 조직 구성원에게 이는 매우 고통스러운 일이다. 하지만 나사처럼 위계질서가 존재하는 조직에서는 아주 흔히 벌어지는 일이기도 하다. 실제로 설문조사를 하면 '위계질서가 분명한 조직에서 목소리를 내지 못한 경험이 있다'는 응답자가 많다. 정작 직원들의 목소리에 귀 기울여야 하는 '높은 분들'은 자신의 존재가 직원들을 침묵하게 한다는 걸 알지 못하지만 말이다.

## 침묵은
## 저절로 깨지지 않는다

컬럼비아호 폭발 사건이 발생한 지 약 10년이 지나, 나는 여러 가지 공개된 정보를 바탕으로 리더십 강연을 했다.[33] 그러던 2012년 어느 날, 사무실로 한 통의 전화가 걸려왔다. 놀랍게도 나사 관계자였다. "요즘 하고 계신 일을 잘 알고 있습니다." 나는 깜짝 놀라 침을 꿀꺽 삼켰다. 뒤이어 "정말 훌륭하십니다"라는 칭찬이 이어졌다. 수화기 너머 주인공은 나사에 소속된 고더드 우주비행센터Goddard Space Flight Center의 CKO(최고지식책임자) 에드윈 로저스Edwin Rogers였다. 그날의 전화는 내 연구 인생에 획기적인 전환점이 되었다.

로저스는 로차와 함께 내 수업에 찾아와 강의도 해주었다. 나에게는 물론 학생들에게도 매우 의미 있는 시간이었다. 그러고는 내게 '침묵의 소리Sounds of Silence'라는 일일 워크숍을 계획 중이라며 강연을 부탁했다(물론 나도 흔쾌히 수락했다). 워크숍에는 세 명의 외부 인사와 여덟 명의 수석 엔지니어가 강연자로 섰고, 두려움 없는 조직의 필요성에서부터 침묵의 치명적인 위험, 재앙의 신호를 알아채는 힘 등 다양한 주제의 토론이 이어졌다. 대형 강당을 가득 채운 이날의 행사는 나사가 조직 문화를 바꾸기 위해 얼마나 적극적인지를 보여주는 자리였다. 이후 나사에는 자기 목소리를 좀 더 수월하게 낼 수 있는 다양한 구조가 확립되었고, 각종 보고 체계와 옴부즈맨 프로그램도 새롭게 도입되었다. 더불어 '적극적 실패상Lean Forward, Fail Smart'을 수여하며 '실패가 성공의 어머니'라는 인식을 확산시켰다.[34] 나사 관계자들이 컬럼비아호 폭발 사건을 반면교사로 삼은 것이다. 그들은 사고를 상세히 분석해 내부 학습 자료로 활용했고 일반 시민에게도 언제든지 열람하도록 했다.[35]

나사가 성공적으로 변화한 요인에 대해 로저스는 '활발한 의사소통'과 '경청하는 문화'를 꼽았다. 구성원이 침묵하지 않기 위해선 이 두 가지가 전제돼야 한다는 것이다. 로저스는 당시 고더드 우주비행센터장 크리스토퍼 스콜스Christopher Scolese를 '내 생애 최고의 리더'라며 칭송했다. "스콜스는 늘 직원들을 배려했습니다. 전략적으로도 균형감이 있어 고더드 센터와 나사, 어느 한쪽으로 치우치지 않는 전략도 펼쳐나갔죠. 스콜스는 직원들의 헌신과 열정을 늘 높이 평가했습니다."

컬럼비아호 사건으로 거듭난 나사는 목표한 바를 달성하기 위해 조직에 심리적 안정감이 왜 필요한지를 여실히 보여줬다.

# 농담으로 볼 수 없는
# 농담들

"회사에 악용당한 느낌이다."

– 폭스바겐 엔지니어 올리버 슈미트[Oliver Schmidt][36]

우버[Uber]의 한 여자 직원이 남자 직원에게 물었다. "이 프로젝트 오늘 다 끝내야 하는데 같이 야근 좀 해줄 수 있어요?" 그러자 남자 직원은 이렇게 답했다. "나랑 잠자리 한번 해주면!" 그러고 는 애써 장난이라는 듯 대화를 끝내버렸다. "농담이야 농담."[37]

이 대화는 남자의 말마따나 짓궂은 농담처럼 들릴 수 있다. 하 지만 우버의 조직 문화 혁신이사로 일한 하버드 경영대학원의 교수 프랜시스 프레이[Frances Frei]는 이렇게 단언했다. "당사자가 이를 단지 농담으로 받아들이지 않고 자신을 희롱했다고 간주한다면, 이는 분명 부적절한 발언입니다."

이번에는 '농담 같지 않은 농담'이 어떻게 조직의 심리적 안정감을 해치는지 살펴보겠다. 많은 이가 잊었겠지만, 차량 공유 서비스업체인 우버는 한때 '미투<sup>MeToo</sup>'의 중심에 섰던 조직이다. 그런 우버가 어떻게 전화위복을 하게 됐는지 사례를 통해 자세히 들여다보자.

## 소셜미디어 시대에
## 침묵?

2017년 10월 15일, 미국의 여배우 알리사 밀라노<sup>Alyssa Milano</sup>는 자신의 SNS에 이런 글을 올렸다. "성희롱이나 성폭행을 당한 경험이 있다면 댓글에 '미투<sup>Me Too</sup>'라고 써주세요." 이후 24시간도 채 지나지 않아 '#미투'는 50만 계정으로 퍼져나갔다.[38] 그리고 이는 전 세계적으로 미투 캠페인을 촉발한 계기가 되었다(사실 미투 운동의 창시자는 10년 전 뉴욕에 거주하던 흑인 여성 타라나 버크<sup>Tarana Burke</sup>였다[39]).

그런데 이보다 9개월 앞선 2017년 2월 19일, 실리콘밸리에서는 한 젊은 여성 엔지니어의 글이 업계를 발칵 뒤집어놓았다.[40] 사건의 주인공은 수전 파울러<sup>Susan Fowler</sup>, 우버의 전 소프트웨어 엔지니어다. 퇴사 후 그는 자신의 SNS에 근무 중에 겪은 일을 가감 없이 공개했다. 그의 묘사를 빌리자면 그때의 일은 '아주 이상하면서도 흥미로운, 그러나 다소 무서운 이야기'이다.

파울러가 처음 출근한 날, 그는 사내 메신저의 채팅창을 보고서는 경악을 금치 못했다. "나는 지금 성관계 파트너를 찾고 있어." 분명 파울러를 희롱한 내용이었다. 발신자는 다름 아닌 그의 직속 상사였다. 파울러는 참을 수 없는 불쾌감에 사로잡혔다. 그 즉시 메시지를 복사해 인사팀으로 달려갔다. 그런데 인사팀의 반응은 전혀 예상 밖이었다. 그가 성희롱으로 발각된 일이 이번이 처음인 만큼, 경고를 주는 수준에서 마무리하자는 것이었다. 경영진의 뜻도 같았다. 파울러는 추측했다. '그 이유는 아마 그 녀석의 실적이 좋아서가 아닐까?' 이후 파울러에게는 두 가지 선택지가 주어졌다. 하나는 팀을 옮기는 것이고, 다른 하나는 기존 팀에 그대로 남아 상사의 보복 조치를 감수하는 일이었다. 파울러는 이 같은 상황에 대해서도 물론 문제를 제기했다. 아무런 소득이 없는 건 마찬가지였다. 그는 결국 팀을 옮겼다.

파울러는 몇 달간 회사에 더 머물며 비슷한 경험을 한 여성 엔지니어들과 만났다. 이들 역시 인사팀에 고발했지만 별다른 조치가 취해지지 않았다고 했다. 심지어는 파울러를 희롱한 그 상사에게 당한 피해자도 있었다. 그때마다 회사의 대답은 매번 똑같았다. "처음이니까." 파울러는 더 이상 침묵할 수 없었다. 용기를 냈다. 그의 용기가 동료들을 움직였다. SNS에서 확산된 실리콘밸리발 미투 운동은 주류 언론까지 비중 있게 다루는 특종으로 이어졌다.


## 수전 파울러가
## 쏘아 올린 작은 공

　　　　　　　　　2009년 개릿 캠프Garrett Camp와 트래비스 캘러닉Travis Kalanick이 공동 설립한 우버는 유명 벤처캐피털로부터 투자를 받고 2011년 샌프란시스코에 첫발을 디뎠다.[41] 그들은 급속히 성장하며 공격적이고 대담한 행보를 이어갔다. 그들의 기세는 기존의 택시산업마저 무너뜨릴 만큼 대단했다.[42] 여기에 기여한 간부급 인사들은 목표한 실적만 달성하면 그 어떤 일을 벌여도 승진이 보장되었다.[43] 당시 우버의 사내 문화에 대해 떠도는 전·현직 인사들의 증언을 모아보면 이렇다. '실적만 좋으면 거리낄 게 없는 곳', '홉스식 유물론(인간을 살아 있는 기계로 보는 것)이 뿌리 깊은 곳', '직원들끼리 주먹다짐을 하고 간부들이 규정을 위반하면 못 본 척 넘어가는 게 당연한 곳' 등등이었다.[44] 파울러가 겪은 일은 빙산의 일각에 불과했다.

　당시 우버를 지배하던 핵심 가치는 '강한 열정'이었다. 이는 '할 수 있다'는 자세와 '회사의 발전을 위해서라면 무엇이든 한다'는 마음가짐을 포함하며, 야근 등 장시간 근무가 이에 해당

한다. 또 다른 핵심 가치는 '대범한 실행'이었다. '허가를 얻기보다는 용서를 비는 게 낫다'는 신념이다. 이와 함께 '권력주의'와 '발로 밟기' 따위도 핵심 가치로 꼽혔다. 즉, 팀보다는 독자적인 업무 수행을 선호하고, 성공을 위해서라면 다른 사람에게 피해를 줘도 괜찮다는 의식이 팽배했다. 동료 관계에 문제가 생겨도 전혀 거리낄 게 없었다.[45]

자, 그럼 이쯤에서 당신은 내게 이렇게 되물을 수도 있다. '그럼에도 불구하고 여전히 우버는 승승장구하고 있지 않은가?' 실제로 우버는 기하급수적으로 성장했다. 2018년 초 시가총액은 한화로 무려 79조 원,[46] 고유명사인 '우버'는 택시를 부를 때 쓰는 표현으로 이미 굳어진 지 오래다. 이를 보면 강한 열정으로 다른 사람을 짓밟아야만 성공할 수 있다는 말에도 일리가 있어 보인다.

하지만 오늘날 SNS의 영향력은 상상 그 이상이다. 조직의 일거수일투족을 지켜보면서, 문제 제기를 공론화하는 새로운 환경을 조성한다. 그리고 한번 도마에 올려지면 미처 손쓰기 힘든 속도로 거침없이 퍼져나간다. 실제로 파울러가 SNS에 폭로한 이후, 유수의 언론이 잇달아 진상 파악에 나섰다.《뉴욕타임스》는 30여 명의 전·현직 우버 임직원을 인터뷰해 수많은 성희롱 피해 사례를 밝혔다. 단합대회에서 여직원의 가슴을 더듬은 매니저, 회의 중간에 감정이 격해져 동성애 혐오 발언을 쏟아낸 팀장

등 파울러의 폭로에 버금가는 다양한 진실이 취재를 통해 밝혀졌다.[47] 언론 보도 이후 우버는 여러 건의 소송을 감당해야 했으며, 이 과정에서 수많은 직원이 해고되거나 스스로 회사를 떠났다. 회사의 가치와 평판은 급속도로 하락했다.[48]

반면 파울러는 2017년 《타임Time》이 선정한 '올해의 인물'[49]에 이름을 올리며 표지까지 장식했다. 《파이낸셜타임스The Financial Times》 '올해의 인물',[50] 《베니티 페어즈Vanity Fair's》 '시대적 선구자'[51]를 비롯해 《레코드Recode》 '올해의 100인'에 등극하며 아마존Amazon CEO인 제프 베조스Jeff Bezos의 뒤를 잇는 강력한 영향력을 떨치기도 했다.[52] 우버의 CEO 트래비스 캘러닉이 대주주의 성화에 못 이겨 자리에서 물러난 것과는 대조적이다.[53] 뒤를 이어 수많은 여성이 '미투'를 외치며 직장 내 성희롱을 폭로했고, 소위 높은 자리에 있던 수많은 남성이 자신의 잘못에 대한 혹독한 대가를 치러야 했다.

## 우버에
## 찾아온 평화

"그런 농담은 아주 옳지 않습니다. 다신 하지 마세요!" '단순한 농담'에 직면한 순간, 프랜시스 프레이는 이렇게 반응하라고 조언했다.[54] 그러면서 아무리 오랜 시간이 걸려도 다시는 용납하지 못할 행동이라는 걸 강조하라고 말했다. 2017년 8월 우버의 신임 CEO가 된 다라 코스로샤히Dara Khosrowshahi는 회사에 첫 출근한 날, 첫 스케줄로 여성 엔지니어들과 만남의 시간을 가졌다. 그 자리에서 그는 회사의 새로운 가치 체계를 수립하겠다고 공언했다. 더 이상 경쟁사를 밟고 올라서는 데 집중하지 않고, 온전함을 추구하는 쪽으로 회사의 방향을 바꾸겠다는 의미였다. 비로소 우버가 '정도를 벗어나지 않는 올바른 길'을 추구하기 시작한 시점이다.[55] 코스로샤히는 "기업으로서 '정도'를 선택하는 것과 '성장'을 맞바꾼 셈입니다. 하지만 정도를 따라가는 건 생각보다 어렵지 않더군요"라고 말하기도 했다.[56]

몇 가지 규칙만 교체해도 두려움이 만연한 분위기는 쉽게 바뀔 수 있다. 프레이는 간부급 임원은 물론이고 평사원까지 모두 휴대전화만 쳐다보고 있던 우버의 회의 풍경을 쉽게 잊을 수 없다. 심지어는 참석자들이 회의 내용에 관해 문자를 주고받기도 했다. 회의를 하면서 말이다.[57] 이는 마치 당사자를 앞에 두고 험담하는 것과 같은 의미였다. 당연히 심리적 안정감은 낮을 수밖에 없었다. 우버의 신입 인사팀장인 리안 혼지Liane Hornsey가 기억하기로는 이랬다. "서로에 대한 굳건한 신뢰도, 같은 목표를 향해 나아간다는 소속감도 전혀 없었습니다."[58] 이 경우 해결책은 매우 간단하다. 회의 시간에 휴대전화를 쓰지 못하게 하는 방법이다. 초등학생들에게나 내려질 법한 조치지만, 휴대전화를 내려놓자 회의 분위기는 급격히 달라졌다. 서로의 의견에 귀를 기울였고 공통의 목표를 향해 협력했다.

이제 변화는 얼마든지 가능하다. 물론 그 과정이 어려울 수는 있다. 하지만 오늘날처럼 지식 기반 사회에서 기업이 성공하고자 한다면 반드시 조직 문화부터 손봐야 한다. 얼마든지 외부 기관이나 전문가의 조언을 통해 위험을 기꺼이 감수하고 문제를 제기하는 분위기를 만들 수 있다. 구글의 'G2G^Googler to Googler 네트워크'(자발적으로 동료들의 학습을 지원하는 멘토링 네트워크로 6000여 명의 구글 직원이 참여한다[59])처럼 내부 전문가로 구성된 조직을 구축해 심리적 안정감을 키워갈 수도 있다. 물론 이런 방법은 상호 보완적으로 사용했을 때 더욱 큰 효과를 발휘한다.

# 심리적 안정감에 대한
# 리더의 질문들

지금부터는 내가 가장 자주 받는 질문과 그에 대한 해답을 중심으로 심리적 안정감을 구축하는 긴 여정에 마침표를 찍고자 한다. 나는 지난 25년간 기업과 정부 기관에서 수많은 리더십 프로그램을 운영해왔다. 물론 다양한 주제를 깊이 있게 다뤄왔지만, 심리적 안정감의 중요성이 워낙 커진 덕에 이곳저곳에서 질문이 쏟아지고 있다. 현장에서 나눈 주요 질문과 답변을 중심으로 심리적 안정감의 구석구석까지 파헤치고자 한다. 한 번쯤 고개를 갸웃거렸을 당신의 궁금증도 해소되길 바란다.

**Q.** 우리 팀에 심리적 안정감이 지나치게 높은 건 아닐까요?

**A.** 내가 가장 많이 받는 질문이다. 전 세계 기업과 병원, 정부 기관, 비정부 기관 등을 대상으로 강연해보면, 대부분 혁신적인 조직을 만들기 위해서 심리적 안정감이 꼭 필요하다는 건 분명하게 인지한다. 그러면서도 동시에 너도나도 지나치게 말이 많아질까 봐 걱정한다. 별 도움이 되지 않는 미확인 정보가 프로젝트를 자칫 산으로 보내버리지 않을까 염려하는 마음에서다. 더불어 사공이 많아지면 훌륭한 개인의 의견이 묻혀버리는 건 아닐지, 조직 자체가 전반적으로 해이해지는 건 아닐지 걱정하곤 한다. 이 모든 의문에 대한 나의 대답은 '걱정 붙들어 매라'이다.

문제는 심리적 안정감이 높은 것보다 이를 통제할 규율이 없다는 데 있다. 심리적 안정감을 구축하는 것은 조직 구성원 사이에 존재하는 두려움을 없애는 과정이다. 엄청나게 용기를 내지 않아도 궁금한 건 질문할 수 있고, 실수를 인정할 수 있는 분위기를 만들 수 있다. 심리적으로 안전하다고 해서 훌륭한 전략이 저절로 탄생하지는 않으며, 구성원 모두에게 충분한 동기부여가 되거나 모두의 내공이 일정한 경지에 도달하는 상태도 아니다. 섣부른 기대나 실망할 필요도 없이, 그저 심리적 안정감을 조직 성장의 전제 조건이라고 생각하길 권하고 싶다.

대개 최선의 결과를 내려면 심리적 안정감이 얼마나 필요한지 내게 묻는다. 우선 나는 심리적 안정감에 대한 질문자들의 관심과 열정을 무척 고맙게 받아들인다. 그렇다고 해서 심리적 안정감의 적절한 수준을 구체적인 수치로 제시하지는 않는다. 상호 간의 두려움이 업무에 도움이 되는 경우도 있기 때문이다. 마감 기한을 놓치거나, 고객을 실망시키고, 경쟁사보다 역량이 뒤처지는 것은 당연히 경계해야 한다. 또한 조직의 수장이나 주변 동료의 언행이 적절치 않은 상황, 위험을 초래하는 침묵의 상태도 두려움을 이용해야 마땅하다. 적시에 문제를 제기하지 못한 결과는 자칫 엄청난 참사로 이어질 수 있기 때문이다.

당신이 알는지 모르겠지만 오늘날 당신의 직원은 언제, 어느 선에서 문제를 제기해야 할지 그 한계를 미리 정해두고 있다. 리더는 먼저 이 점부터 분명히 인지해야 하며, 이 한계점이 지나치게 높다는 데 문제의식을 가져야 한다. 그런데 실제로 이 상황을 제대로 인지하고 있는 리더는 매우 드물다. 내 뜻은 문제 제기의 한계점을 낮춰 도움이 되지 않은 정보까지 마구잡이로 받아들이라는 게 아니다. 그 한계점을 낮춰도 걱정하는 만큼의 쓸데없는 정보가 무분별하게 유입되는 일은 거의 일어나지 않는다는 걸 말하고 싶다. 설사 그런 일이 벌어지더라도 조직 전체의 심리적 안정감을 낮추기보다는 부적절한 발언에 따른 부정적인 효과를 공유하면서 이를 함께 극복해가는 방법을 써야 한다.

심리적 안정감은 결코 만병통치약이 아니다. 오늘날 기업이 성공하는 데 필요한 요소 중 하나다. 앞서도 말했듯이 심리적 안정감은 구성원의 동기나 자신감, 다양성과 같은 여러 가지 요소가 좀 더 원활하게 작동해 성공적인 결과를 낳는 데 바탕이 된다. 요컨대, 심리적 안정감은 기업의 성공 요인(구성원의 역량, 진실성, 생각의 다양성 등)이 좀 더 효과적으로 발현되도록 돕는 매개체다.


**Q.** 심리적으로 안전한 근무 환경을 만드는 데 너무 많은 시간이 필요하진 않나요?

**A.** 이것은 '사람들이 늘 토론만 하면 일은 언제 하나요?'라고 질문하는 것과 마찬가지다. 앞서 '심리적 안정감이 지나치게 높은 건 아닐까?' 하며 우려하는 것과 일맥상통한다. 하지만 이 질문은 필요한 시간과 효과를 꽤 구체적으로 묻고 있고, 현대사회에서 시간과 효율은 매우 중요한 부분이기에 한 번쯤 깊게 생각해볼 필요가 있다.

앞선 질문에서 우리는 문제 제기의 한계점이 낮을 때를 가정하고 여기에 따른 우려 요인을 살펴보았다. 사람들은

참석자가 모두 자신의 주장을 펼치면 자칫 회의 진행이 더 
뎌질 수 있다는 점을 걱정했다. 그런데 이는 '심리적 안정 
감'과 '효과적이지 못한 절차'를 혼동한 결과다. 효과적인 
조직 운영을 위해서는 적절한 규칙이 필요하다. 효과적인 
회의 운영, 예컨대 의사결정과 문제 해결, 단순한 보고 과 
정에도 이에 적합한 기술과 규칙, 절차가 요구된다. 아무런 
혼란 없이 누구나 자신의 의견을 제시하도록 보장하면서 
효과적이고 효율적으로 회의를 운영할 방법은 무수히 많 
다.[60] 그리고 이는 업무에만 집중할 수 있는 심리적 안정감 
을 형성하는 것과 조화를 이룬다.

　방법을 제시하기에 앞서 심리적 안정감이 시간을 낭비 
하는 게 아니라 시간을 절약하는 방법이라고 말하고 싶다. 
심리적 안정감은 일정한 규칙도 아니고, 하루아침에 생겨 
날 수도 없다. 분명한 건 업무의 효율성을 높이는 데 중요 
한 밑그림이 된다는 점이다. 과거 한 기업의 경영진을 대상 
으로 연구를 진행한 적이 있다. 이곳은 심리적 안정감이 결 
여돼 업무 회의가 매번 길게 이어지지만, 핵심 전략에 대해 
서는 정작 뚜렷한 해결책을 내지 못하는 악순환을 반복하 
고 있었다. 회의가 늘어지는 이유는 간접적인 화법과 은근 
한 비판, 사적인 빈정거림이 오갔기 때문이었는데,[61] 그 결 
과로 몇 시간이면 결정날 사안이 몇 달씩 지연되곤 했다.[62]

심리적 안정감이 낮은 상황에서 업무 효과뿐 아니라 효율성마저도 감소한 것이다. 앞서 뉴욕 연방준비은행의 사례도 마찬가지다. 심리적 안정감이 결여된 탓에 결론 없는 논의만 길어지고 있었다. 반대로 분명한 규칙을 바탕으로 직접적이고 열린 대화를 가능케 한 기업도 다수 있었다. 후자의 조직에서 토론과 의사결정 과정이 효율적이었던 건 당연한 이치였다.

**Q.** 심리적으로 안전한 근무 환경은 곧 모든 것에 투명한 환경을 의미하나요?

**A.** 심리적 안정감이 높을수록 좋다는 것이 곧 투명할수록 좋다는 의미는 아니다. 어떤 상황이냐에 따라 요구되는 투명성의 정도가 다르기 때문이다. 예를 들어, 수술실에서라면 완벽한 수준의 투명성이 요구된다. 뭐든 이상한 점을 발견하면 즉시 말해야 한다. 비록 틀렸거나 도움이 되지 않는 내용이었다고 해도 투명성을 지키기 위한 노력 자체는 인정해주는 말이 오가야 한다. 반면 개인의 모든 생각을 시시콜콜 공유하는 게 딱히 도움되지 않을 때도 있다. 다른 사람의 복장이나 프레젠테이션 스타일 등은 군이 말할 필요가 없다.

때에 따라 다른데, 투명성을 굳이 강조하는 이유는 무엇일까? 내가 문제를 제기하거나 질문했을 때 직장 동료나 리더가 이를 두고 어떻게 반응할지 신경을 곤두세워야 한다면 온 마음을 다해 본업에 집중할 수가 없다. 따라서 리더가 반드시 수행해야 할 역할은 개개인이 특정 산업이나 조직 안에서 업무 효율을 최대한 끌어올리기 위해 어느 정도의 투명성을 실현해야 좋을지 분명히 파악하는 일이다. 이 과정에서 몇 차례 실험이 필요할 수는 있다. 우선은 당혹스러운 순간에 직면하지 않을까 하는 두려움으로 업무에 필요한 의견마저 적극적으로 내놓지 못하는 분위기를 타파해야 한다.

**Q.** 심리적 안정감은 당연히 필요하다고 믿습니다만, 조직의 대표가 아닌 일반 구성원도 이에 기여할 부분이 있을까요?

**A.** 기업의 CEO나 팀장, 외과 전문의 같은 리더가 조직의 분위기를 좌우하는 건 사실이다. 하지만 구성원 개개인도 심리적 안정감을 구축하는 과정에 얼마든지 일조할 수 있다. 좋은 질문을 하는 것도 그중 하나다. 질문하기는 매우 효과적인 방법이다. 진심 어린 호기심이 생겨날 때, 혹은 누군가에게 의견을 전달하고 싶을 때 비로소 좋은 질문이 나온

다. 그리고 이 질문은 대답을 불러일으킨다. 내가 질문함으로써 상대에게 자신의 목소리를 낼 기회를 제공하는 셈이다. 특히 질문이 특정 개인을 향하는 경우, 일종의 작은 안전지대가 확보된다. 질문하는 행위 자체가 '당신의 의견을 듣고 싶다'는 의미로 전해지기 때문이다. 즉, 질문을 통해 다른 사람이 자기 생각과 의견을 말할 수 있는 안전지대를 제공해야 한다. 이와 함께 질문을 받는 쪽에서는 질문자의 의견을 먼저 귀 기울여 듣고, 관심 있게 반응하며, 적절하게 대답해주면서 심리적 안정감을 구축할 수 있다.

경청하는 자세는 곧 존중하는 마음을 표현하고 상대방의 존재가 온전히 환영받고 있다는 걸 나타낸다. 그렇다고 상대방의 말에 무조건 동의해야 한다는 건 아니다. 때로는 그 의견이 내 생각과 전혀 다를 수 있다. 하지만 누누이 강조하건대 자신의 생각과 의견을 표현해준 그 노력만큼은 가치를 인정해줘야 한다.

이에 더해 내가 직시한 업무의 문제점을 공유하는 것도 질문만큼이나 효과적이다. 팀 전체가 맞닥뜨린 도전적인 상황, 예를 들어 업무의 불확실성이나 난제, 상호의존성 등을 언급하면서 한 사람의 노력만으로는 해결할 수 없다는 점을 분명히 할 수 있다. 이는 문제 제기의 벽을 낮추고, 구성원 개개인의 목소리가 언제나 환영받을 수 있다는 점을 상기시킨다.

　마지막으로 심리적으로 안전한 근무 여건을 만드는 데
기여하는 간단하지만 아주 강력한 효력을 지닌 표현 몇 가
지를 소개해본다.

"잘 모르겠습니다."
"도움이 필요해요."
"제가 실수했군요."
"죄송합니다."

　위 표현은 모두 자신의 취약함을 드러낸다. 스스로 실수
를 범할 수 있는 나약한 존재라는 걸 인정하면서 주변 동료
에게 비슷한 생각과 태도를 취하도록 여지를 제공할 수 있
다. 스스로 가면을 벗어 다른 사람도 그렇게 하도록 돕는
방법이다. 이 같은 표현은 비록 완전한 수준은 아닐지라도
심리적 안정감을 느끼고 있듯이 행동하는 걸 의미한다. 때
로는 대인관계 위험을 줄이기 위해 어느 정도 그 위험을 감
수해야 하는 것과 같은 이치다.

　이와 비슷하게 상대에게 관심을 나타내는 표현도 상호

협력하는 분위기를 만드는 데 도움이 된다.

"제가 뭐 도울 건 없나요?"
"어떤 부분이 힘든가요?"
"어떤 부분이 고민이죠?"

　인간은 누구나 실수할 수 있는 연약한 존재다. 동시에 다른 사람으로부터 관심과 호의를 받기에 충분한 존재다. 문제는 이러한 사실을 대부분 잊고 산다는 데 있다. 물론 내가 먼저 실수를 인정하거나 호의를 베풀어도 무시되거나 묵살당할 수 있다. 때로는 더 안 좋은 방향으로 흘러가기도 한다. 그러므로 두려움을 극복하려는 의지를 가진 사람이라면 어느 정도 초반에 대인관계 위험은 감수해야 한다. 하지만 크게 걱정할 건 없다. 내 경험상 이런 경우는 거의 없다. 조직 구성원의 호의도가 '평균' 정도라고 가정했을 때, 자신의 약점을 고백하거나 진심으로 관심을 표현하면 그 정도는 '평균 이상'이 된다. 그러니 마음껏 시도해보기 바란다.

　잠시 주위를 둘러보자. 자신이 부족하다는 걸 먼저 드러내면서 공통의 목표를 함께 이루고 싶은 사람이 있는가?

그렇다면 그에게 적극적으로 다가가라. 그다음에는 어떤 일이 일어나는지도 살펴보라.

리더에게 주어진 역할은 구성원이 최선을 다해 일할 수 있는 문화를 만들고 이를 키워나가는 것이다. 따라서 이 과정에 기여하는 사람이라면 누구나 그 순간만큼은 '리더'였다고 인정해줘야 마땅하다.


**Q.** 심리적 안정감과 다양성, 포용성, 소속감 사이에는 어떤 관계가 있나요?

**A.** 이 질문의 답은 이미 질문에 포함돼 있다. 결론부터 말하자면, 조직 구성원의 포용성과 소속감이 두드러진 조직일수록 심리적으로 안전하다.

오늘날 기업은 의도적으로 다양성을 추구해 채용 전략을 짜기도 한다. 하지만 다양성을 채택한다고 해서 포용성이 절로 따라오지는 않는다. 일례로 신입사원 대부분은 중요한 의사결정이나 회의 자리에는 참여하지 못한다. 나아가 근로자의 다양성을 보장한다고 해서 모든 직원이 소속감을 느끼는 것도 아니다. 예를 들어 미국에서는 경영진 가운데 어느 한 사람도 자신과 피부색이 같지 않으면 구성원이 소외감을 느끼기도 한다.

다양성과 포용성, 소속감 이 세 가지는 오늘날 거의 모든 기업에서 추구하는 성취 목표다. 다양성은 다소 객관적인 성질의 목표인 반면 소속감은 매우 주관적인 성질의 목표다. 한편 포용성은 그 중간쯤에 있어, 심리적 안정감이 보장된 여건에서 더욱 효과적으로 기능할 수 있다. 그래야만 다양한 의견을 제시할 수 있기 때문이다. 비슷한 맥락에서 심리적 안정감이 없는 조직에서는 소속감을 느끼기 어렵다. 즉, 목표 달성의 대상이 주관적일수록 심리적 안정감이 빛을 발한다고 해석할 수 있다. 각기 다른 집단의 사람에게서 나온 다양한 조언 없이는 목표를 달성했는지조차 제대로 파악할 수 없기 때문이다.

심리적 안정감에 관한 연구를 25년 이상 진행해왔지만 조직의 다양성과 포용성, 소속감의 관계에 대해 질문을 받기 시작한 건 얼마 되지 않았다. 이들 주제를 다룬 언론 보도가 늘고, 사회적으로 근로자의 다양성이 조직의 핵심적인 성공 요인으로 급부상한 시점에서, 이들 목표에 심리적 안정감이 중요한 역할을 한다는 게 여러 연구를 통해 밝혀졌기 때문이다. 두려움 없는 조직은 구성원의 포용성과 소속감을 증진해 다양성이 제공하는 혜택을 누리게 한다. 얼마 전 미투 운동을 통해 우리는 여성에게 심리적으로 안전한 근무 환경을 제공하지 못한 대가가 어떤 것인지를 분명히 파악했다.

그러나 심리적 안정감만 제대로 구축한다고 해서 다양성과 포용성, 소속감이 그냥 생겨나는 것도 아니다. 이 네가지 요소는 서로 맞물려 있다. 훌륭한 조직은 근로자의 다양성을 지속해서 추구할 것이며, 이를 통해 능력 있는 인재를 채용하면서 전략을 수립하는 데 다양한 아이디어를 얻는다. 조직의 리더는 다양한 인력을 확보하는 것만으로 충분하지 않다는 사실도 잘 알고 있다. 직원들이 온 마음으로 업무에 매진하는지, 조직 내부로 깊숙이 들어와 적극적으로 참여하는지도 살펴봐야 한다.


**Q.** 심리적 안정감은 내부 고발과도 관련이 있나요?

**A.** 내부 고발자는 자신이 목격한 조직의 부정행위를 외부 권력 기관이나 언론에 알리는 사람이다. 범법 행위나 비윤리적인 행위, 이를테면 사기에서부터 부패, 공공안전과 국가보안에 위협을 가하는 문제까지를 고발한다(내부 고발로 개선되지 않는 문제도 있다). 이때 고발자는 부정행위의 당사자에게 보복당할 위험을 감수한다. 상당한 용기가 필요한 행동임에 확실하다.

그러나 내부 고발 행위가 심리적 안정감을 반영한 행동

이라고 해석해선 안 된다. 오히려 그 반대다. 내부 고발은 심리적 안정감의 부재를 나타낸다. 심리적 안정감이 보장된 조직에서는 내부 고발이 필요 없다. 구성원의 우려 사항이 자유롭게 표현되고 다수는 이미 반영됐기 때문이다.

건강한 조직이 가진 두 가지 특징인 '문제 제기'와 '경청'은 조직의 전문성과 완전성을 더욱 강화한다. 이들 조직에서는 우려 사항이 표출되면 적시에, 그리고 적절한 방법으로 변화한다. 물론 논의 과정에서 적절한 방법을 찾지 못할 수도 있다. 하지만 심리적으로 안전한 근무 환경일 때 구성원이 조직의 부정행위를 가장 먼저 외부에 알리는 일은 거의 없다.

모든 조직의 가장 큰 관심사는 구성원이 자유롭게 문제를 제기하는 환경을 만드는 일이다. 내부 고발자가 되는 길밖에 없는 환경은 누구도 원치 않는다. 문제가 발생하면 초기에 대응해서 변화를 이끄는 것이 중요하다. 이 같은 절차는 옴부즈맨Ombudsman, 즉 감찰관 제도를 도입해 좀 더 수월하게 진행할 수 있다. 옴부즈맨은 내부 구성원의 목소리가 적절한 방식으로, 그리고 안전하게 표현되도록 돕는다. 또 문제를 제기한 당사자의 신원을 비밀에 붙이면서 각종 지원을 아끼지 않는다. 옴부즈맨은 변화하는 데 필요한 각종 절차의 수립을 지원하고, 제대로 개선되도록 돕기도 한다.

**Q.** 여전히 수직적인 위계질서를 강조하면서 독불장군처럼 굴 지만 성공하는 리더도 많습니다. 이들 조직이 성공한 원인 은 무엇일까요?

**A.** 이 질문은 정말 수도 없이 받는다. 사람들은 대체로 이렇게 생각한다. '잠깐, 오늘날처럼 불확실한 사회에서 심리적 안 정감이 성공을 이끄는 주된 요인이라는데, 이와 반대되는 사례는 어떻게 설명할 수 있을까? 심리적 안정감이 완전히 결여된 조직에서 엄청난 성공을 거둔 사례들 말이야.'

아주 중요한 질문이다. 여기에 대해서는 크게 네 가지 관 점에서 설명하겠다. 첫째, 독립변수 선택에 오류가 존재했 을 가능성이다. 학술 연구에서 가장 흔히 범하는 오류다. 다시 말해, 적절한 타이밍이나 경쟁자가 없는 경우, 획기적 인 아이디어, 기가 막힌 운 등이 끼어든 것이다.

둘째, 특정 기업의 과거 이력까지 모두 알 수는 없다. 즉, 심리적 안정감이 결여됐지만 성공한 조직에 과거 어떤 일 이 있었는지, 기존의 어떤 역량이 효과적으로 발휘됐는지 는 알지 못한다. 단지 특정 시기만을 선택해 '심리적 안정 감'과 '높은 성과'라는 두 가지 변수를 살펴본 데 불과하다. 여기서 첫 번째 변수가 두 번째 변수를 설명할 수도, 그렇 지 못할 수도 있다.

셋째, 단지 구성원이 목소리를 내는 여건 조성에 실패했을 수도 있다. 또한 성공에 대한 열망이 심리적으로 안전한 환경을 구축한다는 의지보다 훨씬 강했을 수 있다. 그러나 이 경우 성공의 수명이 그리 길지는 않을 것이다. 그들의 성공 공식이 약화되고 있다는 경고를 미리 알아채지 못하거나 적절한 대비책을 마련하지 못할 수 있기 때문이다. 이 같은 상황에서 역량 있는 똑똑한 인재가 다른 기회를 찾아 떠나는 건 당연한 절차다.

넷째, 리더 한 사람이 천재에 버금갈 정도로 아주 뛰어난 경우도 있다. 스티브 잡스Steve Jobs가 대표적이다. 그는 시장이 원하는 바를 정확하게 파악한 아주 드문 인재였다. 만약 당신이 조직의 리더로서 이 범주에 속한다면, 모든 일을 스스로 결정하고 직원들에게는 그저 실행만 요구하라. 심리적 안정감 따위는 굳이 필요 없다. 자동차 업계의 제왕으로 불린 헨리 포드Henry Ford는 이렇게 불평했다. "아니 손발만 들고 오랬더니 왜 머리까지 달고 오는 거야!"[63] 그러나 천재가 아닌 대부분의 사람에게 이 방법은 추천하지 않는다. 오늘날 구성원의 역량을 허비하며 오직 자신의 힘으로만 조직을 이끌 수 있는 리더는 거의 없다. 리더는 대부분 자신의 의견을 솔직하게 평가하고 조언해줄 수 있는 동료가 필요하다. 더욱 바람직한 것은 구성원 모두가 자유롭게 의사소통할 수 있는 근무 환경을 통해 더 나은 상품과 서비스를 개발하고 궁극적으로 더 나은 조직을 만드는 일이다.

**Q.** 도와주세요! 시시콜콜 자기 의견을 말하는 동료 때문에 미칠 것 같아요.

**A.** 직장인이라면 누구나 이 상황에 공감한다. 때로는 우리 조직의 심리적 안정감이 좀 낮아져 끊임없이 이런저런 제안을 하는 동료가 사라졌으면 하고 바랄 때도 있다. 이렇듯 대인관계 위험을 조장해 문제를 해결하려는 방식은 꽤나 유혹적이다. 장기적으로 보면 결코 생산적인 해결책이 아닌데도 말이다. 우리는 크게 도움되지도 않고, 생산적이지 않은 제안일지라도 묵묵히 피드백을 해줘야 한다. '동료'라는 이름은 이럴 때 쓰라고 있는 말이다.

　심리적 안정감이 개인의 제안에 모든 효과를 보장하진 않는다. 다만 제안할 거리를 좀 더 쉽게 찾을 수 있도록 도와줄 수는 있다. 그 제안이 놀라운 성과로 이어지면 행운이고, 별 가치가 없더라도 우리는 같은 구성원으로서 그를 도와줄 책임이 있다. 더 나은 목소리를 내도록 이끌어야 한다. 물론 이런 피드백이 딱히 즐거운 일은 아니지만, 누군가가 도움이 필요하다는 사실을 감추는 것보다 수면 위로 드러내는 게 훨씬 나을 때가 많다. 피드백을 할 때는 당사자가 기대하는 것보다 그 제안이 크게 영향력 있지 않다는 것도 분명히 알려줘야 한다.


**Q.** 저도 도와주세요! 목소리를 열심히 내니까 더 이상 아무도 저를 좋아해주지 않아요.

**A.** 이 책을 읽은 독자라면, 이 질문을 할 가능성은 매우 낮다. 강한 호기심과 신중하고 사려 깊은 자세로 좀 더 나은 조직을 만들기 위해 노력하고 있을 테니 말이다.

그럼에도 두 가지 가능성을 생각해보자. 첫째, 위에서도 말했지만 당신의 의견이 생각보다 긍정적으로 받아들여지지 못할 수 있다. 이런 경우라면 동료들에게 피드백을 받아보라. 조직 구성원은 서로 피드백을 주고받는 존재다. 내가 제안한 생각과 행동에서 무엇이 문제였는지를 학습하는 기회로 삼으면 된다.

두 번째 가능성은 지금 당신의 업무가 개인적인 가치와 목표에 부합하지 않는다는 걸 주변 동료나 조직의 반응을 살피며 알아채는 거다. 조직 구성원으로서 자신의 생각과 의견을 진지하게 표현했는데도 주변에서 무시하거나 폄하하며 냉담하게 반응한다면, 당신의 제안 가치를 진심으로 인정해주는 동료가 있는 곳으로 떠나면 된다.

**Q.** 조직에서 리더가 바뀔 가능성이 전혀 없는 경우에는 어떻게 조언할 건가요?

**A.** 이 질문에 답은 '호기심 Curiosity', '동정심 Compassion', '헌신 Commitment'이라는 세 단어로 시작하겠다(이를 통틀어 '3Cs'라고 일컫는다). 먼저 제아무리 리더라도 다른 사람의 생각이나 행동을 변화시킬 순 없다. 이 점을 분명히 인식하자. 직장 상사처럼 상대방에 대한 공식적인 책임이 있는 경우라도 말이다. 우리가 할 수 있는 건 '영향을 끼치는 일' 정도다. 그나마 다행인 것은 내가 3Cs의 본보기가 되어 다른 사람이 바뀌도록 유도할 수 있다는 점이다.

먼저 호기심을 보자. 호기심은 질문을 유도한다. 누군가의 진심 어린 질문이 조직의 대표, 동료, 부하 등에게 자신이 중요한 존재라고 느끼게끔 한다. 특히 그 대답을 주의 깊게 들을수록 더욱 그렇다.

다음은 동정심이다. 동정심은 누구나 어려움에 처할 수 있다는 걸 인정하는 데서 출발한다. 사람마다 어려움의 크기가 어느 정도인지 따지지는 않기로 하자. 누구나 저마다 힘든 시기에 직면해 낙담하거나 방황하며 시간을 보내고 있을 수 있다. 동료가 어떤 어려움에 마주했는지 깊이 이해하고 좀 더 실질적인 도움을 제공해보자. 절망에서 빠져나와 다시금 회복할 수 있도록 말이다.

마지막 요소는 헌신이다. 조직의 목표를 달성하기 위해 확신을 갖고 진심으로 헌신한다면 그의 태도는 주변 동료에게 자연스레 전염된다. 헌신이 중요한 이유는 바로 여기에 있다. 동료들, 특히 상사가 당신의 진심 어린 열정과 헌신을 깨닫는다면 훨씬 넓은 아량으로 당신을 대할 것이다.

또 하나 자주 받는 질문이 있다. "하지만 윗사람들은 그렇게 행동하지 않던데요. 그래서 너무 답답해요." 충분히 공감하는 말이다. 그럼 나는 이렇게 권유한다. "윗선에서 정작 아무런 호기심이나 동정심, 헌신을 보이지 않는다고 깨닫는 순간, 이것이 얼마나 실망스러운 일인지를 더 많은 사람에게 알리세요."

사람들은 대체로 위를 올려다보는 경향이 있다. 위계질서에서 나보다 높은 쪽을 바라보는 것이다. 그런데 우리는 위보다는 아래, 그리고 내 주변을 바라보도록 끊임없이 훈련해야 한다. 꼭 리더가 아니더라도 누구나 크고 작은 방식으로 조직의 분위기를 변화시키는 데 일조할 수 있다. 윗사람이 뭘 하든 상관없이 탁월함을 추구하며 솔직한 의사소통과 학습이 가능한 분위기를 만드는 것은 매우 가치 있는 일이다. 아까도 말하지 않았던가? 다행스럽게도 이러한 노력은 전염성이 강하다고 말이다. 한 가지 재미있는 사실은 윗선에다 이런 불만을 품은 사람들이 대부분 대기업의 고위직이라는 것이다. 자신은 상위 200명에 속해 있지만, 여전히 자기보다 높은 위치의 사람들을 지적하며 자신의 권력이 미천하다고 한탄한다. 그러면 나는 아주 조심스레 답변한다.

"여러분의 수많은 부하 직원도 여러분을 똑같이 올려다보면서 지적하고 실망하고 있답니다."

**Q.** 심리적 안정감을 지향하는 성공한 리더가 되는 법, 누구나 배울 수 있을까요?

**A.** 내 생각으로는 '그렇다'. 대부분 학습을 통해 얼마든지 배울 수 있다. 이를 위해서는 먼저 한 사람의 마음가짐이 다른 사람에게 긍정적, 또는 부정적 영향을 끼칠 수 있다는 사실을 잘 이해해야 한다. 대부분 부정적인 영향보다 긍정적인 영향이 흘러가기를 원한다. 그리고 훈련과 지도를 통해 어떻게 하면 긍정적인 영향을 끼칠 수 있는지도 충분히 습득할 수 있다.

하지만 종종 학습이 어려운 사람도 있다. 자아도취에 빠졌거나 경계성 인격장애(정서·행동·대인관계가 매우 불안정하고 감정의 기복이 매우 심한 인격장애)를 가진 사람, 감성지능이 낮은 경우라면 심리적 안정감을 구축하는 쪽으로 생각하거나 행동하기 어렵다. 종종 불가능하기도 하다. 그런데도 효과적인 방향으로 변화를 이끌고자 열린 마음으로 다가선다면 학습은 얼마든지 가능하다. 열린 마음은 실패할 확률이 거의 없다.

**Q.** 문화적 차이는 어떤가요? 한국이나 중국, 일본에서도 심리적 안정감을 구축하는 것이 가능한가요?

**A.** 많은 사람이 일부 국가에서 구성원의 자유로운 발언이 불가능하다고 생각한다. 실제로 한 연구에서는 '권력거리(부하 직원이 그들의 상사로부터 자신을 격리시키는 감정적 거리)'가 큰 조직일수록 심리적 안정감이 낮게 나타났다. 이러한 조직이 속한 사회는 높은 계층과 낮은 계층 사이의 힘의 불균형을 그대로 받아들인다.[64] 예컨대 일본에서는 솔직함이나 실수를 보고하라고 강조하는 게 말도 안 되는 소리로 여겨진다. 물론 일리가 있는 논리다. 하지만 그 유명한 도요타 생산방식Toyota Production System은 예외였다. 조직의 모든 임직원이 생산 시스템의 실수나 결함을 끊임없이 발견하며 지속해서 개선하고 시스템의 완전함을 추구했다. 그 결과 엄청난 성공이 뒤따랐다. 권력거리가 높은 사회에서도 심리적 안정감을 구축하는 일은 얼마든지 가능하다.

물론 도요타와 같은 문화를 조성하는 건 결코 쉽지 않다. 하지만 지속적으로 개선하고 탁월함을 추구하는 게 목표라면 충분히 도전해볼 만하다. 권력거리에 따른 문화적 차이가 국가에 따라 심리적 안정감을 구축하는 데 좀 더 어려움을 내포할 순 있어도, 그 필요성이 줄어드는 건 아니다. 업무가 불확실하고 상호의존적이며 위험부담이 큰 조직에서는 결국 심리적 안정감을 어느 정도 구축했느냐에 따라 성공 여부가 결정되기 때문이다. 문제나 실수를 지적하지 않으면 품질이 개선될 수 없다. 부당한 의사결정에 반기를 들지 않으면 충분히 막을 수 있는 실패조차 막을 수 없다. 자, 그러니 일단 도전해보라. 심리적 안정감을 구축하는 일은 기존의 문화를 거슬러야 해서 매우 어렵고 힘든 일이다. 하지만 충분히 가능한 일이기도 하다. 업계 전반에 걸쳐 심리적 안정감이 대체로 낮다면, 당신 조직의 노력은 어느 순간 강력한 경쟁우위로 작용하고 있을 것이다.

질문을 받고 종종 놀랄 때가 있다. 많은 사람이 심리적으로 안전한 조직을 만드는 데 상당한 불안감을 내비치기 때문이다. 조직의 분위기를 우리 마음속 어린아이라고 가정해보자. 그렇다면 이 불안은 우리가 이미 정든 어린아이를 내보내야 한다는 데서 오는 편치 않은 감정이다. 그리고 이 어린아이는 구성원의 창의성이나 학습 역량 대신 자신을 보호하려는 욕구가 훨씬 강하기도 하다. 이 아이를 보내고 나면 우리는 아주 낯선 아이와 새로 마주해야 한다. 하지만 이내 기특한 생각이 들 것이다. 자신의 목소리를 적극적으로 내는 아이가 때로는 갈등과 충돌의 상황에 부딪혀 상처를 입기도 하지만, 그에 비할 수 없는 성취감으로 이내 치유되기 때문이다.

# 모두를 위한 하나, 하나를 위한 모두
## – 다비타 신장투석 센터

전 세계 20만 명의 환자에게 신장투석 서비스를 제공한 기업과 19세기 역사소설 『삼총사』 사이에는 모종의 공통점이 있다.[65] '모두를 위한 하나, 하나를 위한 모두!'를 외치며 장검을 휘두르는 영웅이 있다는 점이다. 현실 속 주인공은 바로 다비타 신장투석 센터DaVita Kidney Care의 CEO 켄트 시리Kent Thiry다.[66] 그는 매년 19세기 영웅으로 분장해 회사의 최전방에서 근무하는 서비스 근로자와 신입 직원들을 상대로 다비타 아카데미 프로그램을 운영한다. 허리에 칼을 찬 모습으로 등장해서는 직원들과 거리낌 없이 하이파이브를 하면서 말이다. 다소 낯간지럽지만 그의 모습에서 우리는 한 가지 신호를 읽을 수 있다.

"(모든 걸 내려놓은 나처럼) 여러분도 우리 회사에 '올인'할 수 있습니다!"


## 경영진과 의료진 사이의
## 심리적 안정감

'모두를 위한 하나, 하나를 위한 모두'라는 구호는 모든 구성원이 의무와 책임을 공유한다는 뜻이다. 즉, 직원들은 최선을 다해 자신의 임무를 완수하고, 회사에도 직원들의 발전과 성공을 지원할 책임이 있다는 의미다. 아카데미에 참여하는 것은 직원의 자유다. 하지만 자체 조사 결과 행사에 참석한 직원이 참석하지 않은 직원보다 이직할 확률이 두 배 이상 낮았다.[67]

시리는 1999년 파산 위기에 처한 다비타에 구원투수로 등판했다. 그는 심리적 안정감을 높이는 다양한 장치로 회사를 다시 회복세로 돌려놓았다. 가장 먼저 한 일은 조직의 핵심 가치를 정할 때 600여 명의 직원에게 맡긴 일이다. 몇 가지 후보가 정해지면 모든 직원이 투표에 참여해 최종 결정하는 방식을 취했다. 회사의 이름을 바꿀 때도 마찬가지였다. 직급에 상관없이 모두가 각자의 목소리로 의견을 냈다. 모든 구성원이 리더로 성장할 수 있어야 한다고 믿었던 시리의 신념 덕분이다.

그는 자신을 '다비타시'의 '시장'으로 지칭하기도 했다. 기업을 성공적으로 운영하는 건 궁극적으로 건강한 도시 건설의 발판이 된다고 여겼기 때문이다.[68] 이러한 맥락에서 별도의 기금인 '다비타 빌리지 네트워크Davita Village Network'를 운용해 갑작스럽게 재정적 지원이 필요한 직원들을 돕기로 했다. 여기서 더 놀라운 점은 다비타의 직원 대다수가 시간제 근로자라는 점이다. 하지만 건강검진과 퇴직금, 등록금 상환 서비스를 비롯해 스톡옵션과 이익배당금에도 누구 하나 예외가 없었다. 그리고 이는 직원들이 다비타를 특별한 기업으로 만드는 데 발 벗고 나서는 효과를 발휘하게 했다.[69]

## 의료진과 환자 사이의
## 심리적 안정감

투석 환자 대부분은 신장이 제 기능을 하지 못해 극심한 고통을 겪는다. 의료진의 '하나를 위한 모두'의 자세가 그 무엇보다 절실한 이유다. 다비타의 환자들은 보통 일주일에 서너 번씩 병원을 방문하고, 한 번에 네 시간씩 투석을 받는다. 이를 어기면 생명이 곧장 위태로워지기에 주삿바늘의 아픔을 참아내면서 기계가 피를 뽑아내는 과정을 말없이 지켜본다. 투석 환자의 사망률은 연간 25퍼센트로, 그들의 삶을 고려해보면 다비타가 지나치게 밝고 긍정적인 모습을 유지하려는 이유를 짐작해볼 수 있다.

가장 주목해야 할 점은 다비타의 임상결과가 수년째 업계 최고 수준이라는 점이다. 비결은 많은 환자가 모이는 외래 투석 센터의 서비스 품질이다. 사실 외래 투석 센터에 소속된 간호조무사의 업무는 지극히 단순하다. 환자에게 주삿바늘을 꽂고, 기기에 연결한 뒤, 투석 과정을 지켜보다가, 투석이 끝나면 기기에서 떼어내면 된다. 여기서 서비스 품질을 가르는 기준은 간호조무사와 환자(그리고 보호자) 사이의 관계다. 환자가 간호조무사를 신뢰하고 편안하게 생각한다면 버거운 치료 과정도 조금 덜 공포스럽다. 이러한 관계야말로 심리적 안정감으로 이어진 경우라고 할 수 있다. 또한 다비타에서는 센터에 가족사진을 붙여놓거나 가족이 그린 그림을 걸어둬 환자가 치료에 최대한 긍정적인 마음가짐으로 임하도록 유도한다. 직원 한 명은 이렇게 말했다. "직원들이 자신의 업을 진심으로 좋아해 늘 미소와 연민 어린 손길로 환자를 대하는 것이 무엇보다 중요합니다. 그제야 비로소 환자들도 편안함을 느끼거든요."[70] 이는 곧 효과적인 임상 결과로 이어졌다.

2017년 다비타에서는 한 차례 의미 있는 실험에 성공했다. 환자 개개인의 상태와 치료 과정에 간호사, 간호조무사, 사회복지사가 담당 의사와 만나 정기적으로 토론하는 절차를 확립한 것이다. 프로그램에 참여한 신장전문의 로이 마르쿠스Roy Marcus는 "다비타의 통합서비스팀은 신장전문의들과 정기적으로 만나 투석 과정에서 발생할 여러 문제에 대해 효과적인 해결책을 고민했다"라고 말하며 "의사로서 환자 개개인에게 필요한 치료를 좀 더 종합적인 관점에서 생각할 수 있었다"라고 언급했다.[71] 다비타의 경영진은 이처럼 조직의 심리적 안정감을 적극적으로 조성해, '환자의 경험 개선', '대중의 건강 증진', '1인당 치료비 감소'라는 미국 의료서비스발전협회가 세운 세 가지 목표를 충실히 현실로 만들어가고 있다.[72]

# 극도의 솔직함
## - 브리지워터 어소시에이츠

솔직함과 실패를 수용하는 것은 비단 픽사만의 전략이 아니다. 실제로 어느 정도 성공을 일군 상당수 기업에서는 픽사와 비슷한 전략을 쓰고 있다. 이번에 살펴볼 사례는 베스트셀러『원칙』의 작가 레이 달리오가 CEO로 몸담은 세계 최대의 헤지펀드, 브리지워터 어소시에이츠다.

### 투명한 기록 보관소

1975년, 고작 이십 대였던 달리오는

뉴욕의 방 두 칸짜리 아파트에서 브리지워터 어소시에이츠를 시작했다. 회사는 이후 1500명 규모의 사업장으로 성장해 높은 수익률로 엄청난 돈을 벌어들였고(2008년 글로벌 금융위기도 이곳만큼은 비켜갔다), 업계의 권위 있는 상도 수차례 휩쓸었다. 이와 함께 달리오는 '미국 400대 부호'로 《포브스Forbes》에 이름을 올렸으며, 《타임》이 선정한 '가장 영향력 있는 인물 100인'에 포함되었다. 그런 달리오가 꼽은 회사의 성공 비결은 무엇일까? 그는 '구성원의 업무와 회사의 모든 관계를 가치 있게 여기는 문화'를 가장 먼저 언급했다. 이어서 '극도의 솔직함과 투명성'이 그 배경이라고 설명했다.[73] 『원칙』은 이 같은 사내 문화를 보전하기 위해 2011년부터 2012년까지 그가 쓴 문서를 모은 책이다. 자신이 발전시킨 각종 개념과 방법, 절차 중에서 효과가 검증된 것을 기록해두었으며,[74] 내용은 조직의 학습과 혁신, 성장을 증진시키는 심리적 안정감을 구축하는 구체적이고 종합적인 방법을 아우르고 있다(이 방법이 절대적이거나 유일하다고 말하려는 건 결코 아니다).

달리오가 말하는 극도의 솔직함은 '리더의 역할'에 대한 그의 원칙에서 출발한다. 리더라면 곧 '비판적인 견해를 발설하지 말고 담아둘 권리가 없는 환경'을 조성해야 한다.[75] 여기서 '권리'라는 표현에 주목해보자. 달리오는 윤리적인 차원에서 솔직함을 바라보았다. 브리지워터에서는 구성원이 생각하는 바를 반드시 입 밖으로 표현해야 한다. 마음속에만 담아둬서는 안 된다는 얘기다. 달리오의 관점에서 보면 솔직함은 곧 진실에 닿는 과정이다. 그 과정이 아무리 고통스러워도 감내해야 한다. 예를 들어보자. 누군가 불치병에 걸렸다. 너무나 놀랍고 한편으로는 가슴 아픈 일이다. 하지만 달리오의 관점에서 보면 이는 당사자에게 하루빨리 진실을 알려야 할 일이다. 그래야만 본인이 최소한 남은 시간을 정리할 수 있다.[76] 침묵에 관해서는 나보다 더 극단적인 입장인 셈이다.

이 같은 관점은 충분히 고려해볼 가치가 있다. 구성원이라면 모두 동료들에게 일종의 '빚'을 지고 있다. 자신의 생각이나 의견을 표현해야 할 '빚' 말이다. 달리오는 이렇게 설명한다. "개인의 생각과 의견이 구성원 개인의 것이라고 생각하지 마라. 한 사람의 의견은 기업 집단에 속한 것이다. 따라서 그것을 표현하지 않고 마음속에만 담아둘 권리는 없다."

이러한 원칙에 따라 브리지워터에서는 솔직한 평가가 끊임없이, 그리고 구체적으로 이루어진다. 모든 임직원은 '이슈 로그 Issue Log'에 자신의 실수와 강점, 약점을 기록한다. 또한 '고통 버튼Pain Button'에다가 동료의 평가에 대한 자신의 생각, 약점을 극복하기 위한 행동 등을 기록한다. 이렇듯 브리지워터에서는 극도의 솔직함과 투명함이 숙명이다. 그러나 동료에 대한 험담만큼은 엄격히 금지돼 있다. 상사가 자리를 비웠을 때 부하 직원이 뒷말하는 일은 이곳에서 있을 수 없다. 달리오는 이렇게 못을 박았다. "브리지워터에서 남을 험담하는 사람은 교활한 족제비 취급을 당할 것이다."[77] 이와 함께 '베이스볼 카드Baseball Cards'에 임직원에 대한 평가를 기록해 누구라도 이를 열람할 수 있게 했고, 이 카드는 개인에 대한 보상과 인센티브, 승진, 해고 등을 판단할 때 기초 자료로 활용한다. 브리지워터에서는 달리오를 포함해 모든 임직원이 불투명함 뒤로 숨을 구멍이 없는 셈이다. '투명한 기록 보관소Transparency Library'에는 모든 간부회의를 녹화한 자료가 보관돼 있고, 이 역시 누구든 열람해 각종 정책과 계획이 어떻게 논의됐는지 확인할 수 있다.

달리오는 "실수를 기피하는 사회적 분위기가 심각한 수준"이라는 말도 덧붙였다.[78] 이는 초등학교 때부터 실수의 과정을 통해 혁신하고 독립적인 사고방식을 배우기보다, 그저 정답을 찾는 과정에만 몰두했기 때문이다. 그는 말한다. "누구나 실수를 하고 약점이 있다는 것을 나는 일찌감치 깨달았다. 실수와 약점을 어떻게 극복해나가느냐에 사람마다 뚜렷한 차이가 있다. 브리지워터는 얼마든지 실수를 용납한다. 하지만 실수를 정확히 분석해 교훈을 얻는 과정이 생략된다면 이는 용납할 수 없다."[79]

## 갈등의 생산성

심리적 안정감을 구축하는 데 달리오는 '갈등 해결'을 주요 요소로 삼는다. 이는 혁신과 현명한 의사결정을 위해 반드시 수반되어야 하는 요소다. 브리지워터에서는 '진실을 찾아가는 과정'으로 갈등을 정의한다.[80] 여기에는 누가 무엇을 해야 하는지 의견을 나눠 여러 가지 차이와 오해를 극복하는 과정이 따라붙는다. "인간은 본질적으로 '갈등'을 '다툼'으로 여긴다"라고 말한 달리오는 이렇게도 조언했다.

"논쟁에서 이기려고 하지 마라. 내가 틀린 상황은 매우 가치 있는 경험이다. 한 가지라도 배우지 않았는가."[81]

의견이 서로 맞지 않을 때는 사소한 것에 시간을 낭비하지 말자. 그보다는 언제쯤 대화를 이어나갈지 파악하는 것이 중요하다. 달리오는 "모두가 서로에게 마음을 연 브리지워터에서도 의견 충돌은 종종 있다"라고 솔직하게 인정했다. 이에 대비해 관리자들은 대화 참여자의 감정이 격해졌을 때 '대화의 논리'를 적용하라고 교육받는다. 개인의 의견에 집중하면서 최대한 침착하고 분석적으로 내용을 기록하는 것이 최선의 방법인 셈이다.[82]

대화를 '토론'과 '논쟁', '가르침'이라는 세 가지 범주로 구분한 달리오는 상황별로 적절한 대화법을 선택하라고 조언했다. 먼저 토론은 다양한 생각과 의견을 열린 태도로 탐색하는 과정이다. 여기에는 경험치가 다른 여러 직급의 직원이 참여한다. 이때는 모든 사람이 자유롭게 질문하고 의견을 내야 하므로 어떤 시각과 관점도 기꺼이 수용돼야 마땅하다. 반면 논쟁은 위치가 거의 대등한 두 사람 간에 발생한다. 이해의 수준이 서로 다르다고 생각하기 때문에 계속해서 상대방을 가르치려 든다. 물론 대화가 자유롭게 오가는 조직에서는 토론과 논쟁, 가르침의 경계가 명확히 구분되지 않는다. 하지만 이들 세 범주는 심리적으로 안전한 환경에서 대화를 어떻게 이어갈지 구조화할 때 유용한 방향을 제시할 수 있다.

브리지워터 사례에서 우리는 위계질서와 심리적 안정감이 서로 배타적이지 않다는 걸 배웠다. 브리지워터에서는 구성원이 기꺼이 자신의 목소리를 낼 수 있지만, 동시에 개인의 실적을 기반으로 한 뚜렷한 계층도 존재한다. 따라서 의사결정 과정은 '합의'가 아니다. 픽사의 브레인트러스트처럼 여러 대안 중에서 주요 의사결정권자가 최선의 결과를 만들 수 있는 확실한 방법을 따른다. 이에 달리오는 자기 의견만 고집하는 사람에게 이렇게 경고했다. "과연 내게 의견을 낼 수 있는 권리가 있는지 스스로 물어보십시오."[83] 그가 말한 권리는 '성공적인 실적'과 '입증된 책임감'으로부터 주어진다. 달리오는 이렇게 비유했다. "급경사에서 스키를 한 번도 타보지 않은 사람이 스키 타는 기술을 다른 사람에게 가르쳐서는 안 됩니다."[84] 같은 맥락에서 경험을 바탕으로 한 검증된 의견과 단순한 추측을 관리자들은 명확히 구분해야 한다.

비록 달리오는 이제 은퇴를 바라보고 있지만, 또 하나의 원칙을 통해 자기 확신에 빠질 위험을 관리하고 있다. 자신이 모르는 걸 있는 그대로 인정하고 배우는 태도다.[85] 그는 아직도 어려운 문제에 직면했을 때 여러 질문을 던지며 조언을 구한다.

같은 원칙을 고수해온 인물로는 유명 디자이너 아일린 피셔 Eileen Fisher가 있다. 그는 달리오와는 전혀 다른 분야에 종사하지만 모르는 것은 즉시 인정하고 배우는 태도로 성공 궤도에 올랐다. 그의 이야기는 다음 사례에서 자세히 다뤄볼까 한다.

# '잘 모릅니다'의 마법
## - 아일린 피셔

아일린 피셔는 모르는 건 솔직하게 인정하고 배워가는 태도를 지닌 대표적인 인물이다.[86] 1984년 그는 서른넷의 나이에 자신의 이름을 딴 의류 브랜드를 선보였다. 물론 지금은 유명 브랜드로 성장했지만, 당시만 해도 그는 기술은 물론 패션이나 사업에 관한 지식도 전무했다. 그러나 피셔는 자신의 약점을 솔직히 인정하며 겸손한 태도로 회사를 이끌었다. 그리고 이는 심리적으로 안정된 근무 환경을 만드는 데 밑거름이 되었다.

박람회에서 단 두 벌로 패션 시장에 명함을 내민 그는(이마저도 친구 부스에 얹혀 있었다) 유난히 겁이 많고 수줍음도 많은 인물이었다. 하지만 그의 브랜드는 오늘날 세계 70여 개 매장에서 연간 4500~5600억 원의 수익을 기록하며 승승장구하고 있다.[87] '미국에서 가장 일하기 좋은 기업' 중 하나로 회자되면서 말이다.

## 낮은 자세로
## 귀담아듣기

피셔는 스스로 '다른 사람의 말을 잘 들어주는 편'이라고 이야기한다. 그리고 이는 모르는 부분을 그대로 인정하고 배워가는 긍정적인 태도에 영향을 끼쳤다. 회사를 처음 시작했을 때 피셔는 자신의 성격에서 상당한 가능성을 읽었다.

"정말 모르는 것이 있을 땐 다른 사람의 말에 귀 기울여보세요. 그럼 상대방은 자신이 알고 있는 것을 기꺼이 나눠 여러분을 도와주려 할 겁니다."[88]

그는 줄곧 자신의 무지를 솔직하게 인정하고 다른 사람의 조언을 흔쾌히 수용했다. 수십 년간 유명 패션기업을 운영하며 노련한 리더가 된 지금도 마찬가지다. 그 이유에 대해 피셔는 이렇게 설명했다. "리더가 직원들에게 원하는 대답을 내놓아야 한다고 압박하지 않으면 그들은 자유롭게 자신의 생각과 의견을 이야기할 수 있습니다."[89]

아일린 피셔의 옷은 물 흐르듯 단순하고 편안한 스타일을 추구한다. 그런데 임직원의 회의 운영 방식도 이와 비슷하다. 한 명 한 명이 그날 회의의 '리더'로 강조되며, 서열이 느껴지지 않도록 모든 임직원이 둥글게 모여 앉는다.[90] 또 회의 시작 1분 전에는 잠시 침묵했다가 작은 물건을 손에서 손으로 전달하며 그 물건이 자기 손으로 들어왔을 때 생각이나 의견을 말한다.[91] 피셔는 꽤 구체적으로 심리적 안정감을 만들기 위한 절차를 확립해온 셈이다.

그는 자기 목소리를 내는 건 생각보다 힘들다는 걸 누구보다 잘 알고 있다. 학창 시절 이미 제 생각이나 의견을 말할 때 비판과 모욕, 수치의 위험이 뒤따른다는 걸 깨달았기 때문이다. 피셔는 이후 아무런 말 없이 그저 침묵을 지키는 편이 낫다고 생각하기에 이르렀다.[92] 두려움 없는 조직을 만들기 위한 그의 노력이 어쩌면 학창 시절 뼈아픈 경험 덕인지도 모르겠다. 피셔는 심리적 안정감의 중요성을 거듭 강조했다.

"제 목표는 모든 임직원이 질문을 즐기고 자기 목소리를 마음껏 내는 환경을 만드는 것입니다. 이렇게 협력하는 의사결정 과정은 상당한 에너지를 내죠. 이 에너지가 결국 창조와 혁신의 근원입니다."[93]

## 승인해주는
## 것의 힘

피셔에게 사내에서 각종 프로젝트와 사업을 시작하는 절차를 물었다. 그는 "직원들이 열정적으로 참여하는 일을 흔쾌히 허락해주는 것이 중요하다"라는 답을 내놨다.[94] 말단 사원으로 아일린 피셔에 입사해 지금은 사회의식 부문 팀장에 오른 애이미 홀Amy Hall이 좋은 예가 될 수 있다. 입사후 그는 자사의 공장 운영 현황과 공장 노동자에 대한 처우를 다른 공장들과 면밀히 비교하며 근로표준을 마련해 준수하자고 제안했다. 회사는 홀의 제안을 흔쾌히 받아들였고 이를 적극 지원했다. 또한 그는 2013년 지속가능성 회의에서 '2020년부터는 환경적으로 지속가능한 옷만을 만들자'고 공표했다. 역시 피셔는 이런 그의 제안을 적극 지원해주고 있다. 리더로서 흔쾌히 "예

스"라고 말하는 것이 직원들에게 얼마나 큰 힘이 되는지를 피셔
는 잘 알고 있다. 그는 자신이 'CEO'로 불리는 것조차 고사할
만큼 각종 위계질서를 거부했다. 하지만 경영진의 역할이 직원
들의 제안을 실현시켜 주는 것임을 누구보다 잘 알고 있다.[95]

2005년 피셔는 회사의 일부를 직원들에게 양도했다. 그간 기
업상장이나 대기업에 지분을 넘기는 것은 극도로 꺼려왔는데 말
이다. 더불어 여성의 권익 향상을 위한 '아일린 피셔 리더십 협
회Eileen Fisher Leadership Institute' 등을 설립해 다양한 위치의 여성을
지원하고 있다.[96] "기업의 지속가능성, 그리고 하나의 사회운동
으로서 기업을 운영하는 것에 대해 많이 생각합니다. 업계에서
는 이런 제 목소리가 꽤 중요하게 받아들여지기도 하고요."[97] 그
러나 피셔의 영향력은 비단 여기에 그치지 않는다. 메이시스 노
스Macy's North 백화점 회장 프랭크 가제타Frank Gazetta는 패션업계
전반에서 그의 영향력을 높이 평가했다. "백화점에 시즌별로 제
품을 입고할 때는 피셔의 의견을 무척 중요하게 여깁니다."[98] 궁
극적으로 피셔의 목소리가 패션업계에서 영향력을 발휘하게 된
데는 리더로서 각종 위험과 실패에 기꺼이 마주했기 때문이다.
패션업계처럼 창의적인 분야에서는 실패가 늘 존재한다. 영화산
업도 마찬가지다. 편집실에서 잘려나가는 화면이 살아남은 화면

보다 훨씬 많다. 각종 금융기업에서는 투자에 성공할 확률보다 실패할 확률이 더 높다. 오늘날 변동성과 불확실성, 복잡성과 모호성으로 요약되는 'VUCA' 환경에서 수많은 기업이 실패를 성공에 더 빨리 도달하기 위한 디딤돌로 삼는 것도 이러한 이유에서다.

# 심리적 안정감 자체평가

| 자료 | 평가 항목 | 체크 |
|---|---|---|
| 가빈Garvin, 에드먼슨Edmondson, 지노Gino (2008)99 | 1. 자신의 목소리를 내기가 쉽다. | ☐ |
| | 2. 실수했을 때 종종 비난받지 않는다. | ☐ |
| | 3. 문제 상황이나 불일치한 의견에 대해 자유롭게 이야기한다. | ☐ |
| | 4. 조직 내 제대로 기능하지 않는 부분, 기능하는 부분에 대해 모두 기꺼이 정보를 공유한다. | ☐ |
| | 5. 내 목소리를 내지 않는 것이 최선이라고는 생각하지 않는다. | ☐ |

| 자료 | 평가 항목 | 체크 |
|---|---|---|
| 터커<sup>Tucker</sup>, 넴바드<sup>Nembhard</sup>, 에드먼슨, 경영과학(2007)[100] | **1.** 의문이 생기면 올바른 대처 방법에 관해 자유롭게 의사소통한다. | ☐ |
| | **2.** 다른 사람의 고유 기술과 역량을 가치 있게 여긴다. | ☐ |
| | **3.** 크고 작은 문제를 수면 위로 드러내 적극적으로 해결책을 찾는다. | ☐ |
| 넴바드, 에드먼슨(2006)[101] | **1.** 의문이 생기면 올바른 대처 방법에 관해 자유롭게 의사소통한다. | ☐ |
| | **2.** 크고 작은 문제를 수면 위로 드러내 적극적으로 해결책을 찾는다. | ☐ |
| | **3.** 실수했을 때 종종 비난받지 않는다. | ☐ |
| | **4.** 동료에게 수월하게 도움을 요청할 수 있다. | ☐ |

| 자료 | 평가 항목 | 체크 |
|---|---|---|
| 에드먼슨(1999)[102] | 1. 실수했을 때 종종 비난받지 않는다. | ☐ |
| | 2. 크고 작은 문제를 수면 위로 드러내 적극적으로 해결책을 찾는다. | ☐ |
| | 3. 상대방의 다른 의견을 얼마든지 수용할 수 있다. | ☐ |
| | 4. 심리적으로 안정된 상태에서 위험을 감수할 수 있다. | ☐ |
| | 5. 동료에게 도움을 요청하는 게 어렵지 않다. | ☐ |
| | 6. 누군가의 노력에 일부러 흠집 내려는 동료는 아무도 없다. | ☐ |
| | 7. 동료와 함께 일을 하면 나만의 고유한 기술과 역량이 가치를 인정받고 충분히 활용된다. | ☐ |

* 네 가지 평가 시트 중 자신의 조직에 적합한 것을 골라 모든 임직원이 함께 체크해보기 바란다.

| 감사의 말 |


우연한 기회에 심리적 안정감이란 주제로 연구를 하기 시작하면서, 지난 25년간 헤아릴 수 없이 많은 분의 도움을 받았습니다. 가장 먼저, 마음의 문을 열고 연구에 도움을 주신 수많은 기업 관리자, 간호사, 의사, 엔지니어, 현장 근로자, CEO 등 모든 분에게 진심으로 감사의 마음을 전합니다. 기꺼이 시간을 내 인터뷰에 응하며 연구에 협조해준 그분들의 노고가 있었기에 제 연구가 한 권의 책으로 나올 수 있었습니다. 이와 함께 책 출간에 재정적인 도움을 준 하버드 경영대학원 연구 부서에도 고마운 마음을 표합니다. 최근 몇 년 새 심리적 안정감을 연구 주제로 삼는 학자들이 큰 폭으로 늘면서 여러 가치 있는 성과가 속속 나타

나고 있습니다. 이들의 다양하고 창의적이며 활발한 연구 활동이 조직의 성공을 위한 심리적 안정감의 중요성을 다시금 상기시키길 바랍니다.

출판 담당자를 비롯해 가치 있고 깊이 있는 증거자료를 백방으로 검색해준 패트릭 힐리Patrick Healy에게 진심으로 감사합니다. 특히 힐리는 연구 보조 역할을 탁월하게 수행하며 심리적 안정감에 관한 수많은 학술논문과 현장 사례, 사례연구 자료, 기사 등 수백 건의 자료를 꼼꼼히 검토했습니다. 힐리의 도움이 없었다면 제 연구는 책으로 나올 수 없었을 겁니다. 힐리뿐만 아니라 팻Pat 역시 탁월한 능력과 세심함, 긍정적인 태도로 출간과 관련해 여러 가지 어려운 일을 기꺼이 도왔습니다. 이 자리를 빌려 감사의 마음을 전합니다.

이 책이 세상에 빛을 보게 된 일등 공신은 단연 카렌 프롭Karen Propp입니다. 카렌과 함께 작업할 수 있어 진심으로 감사했습니다. 작가로서 편집자로서 카렌의 탁월한 질문과 통찰력, 각종 아이디어가 없었다면 이 책은 아직 미완성으로 남았을지 모릅니다. 카렌과 팻 두 사람 덕분에 길고 지난한 편집 과정도 즐겁고 재미있게 마칠 수 있었습니다. 그 결과물이 부디 학습 위주의 만족감 있는 업무 환경을 조성하는 데 심리적 안정감이 핵심이라는 걸 효과적으로 전달하게 되기를 바랍니다. 제 소중한 친구이자 동료 로저 마틴Roger Martin, 수전 솔터 레이놀즈Susan Salter

Reynolds, 폴 베르딘Paul Verdin도 고맙습니다. 이들의 솔직하고 깊이 있는 피드백이 책을 완성하는 데 커다란 도움을 주었습니다.

마지막으로 연구와 집필에 많은 시간을 할애하도록 도와준 남편 조지 데일리George Daley에게 고맙다는 말을 전합니다. 조지의 사랑과 헌신이 있었기에 저는 아무런 어려움 없이 작업에만 몰두할 수 있었습니다. 제가 연구자로 지내온 지난 25년 동안 남편은 항상 무한한 신뢰로 그 자리에서 말없이 지켜봐주었습니다. 조지 역시 제가 접한 수많은 역량 있는 리더 중 한 명입니다. 한 핵심 조직의 수장을 맡아 2년째 이끌고 있는 그는 제게 이 책이 큰 힘이 되었다고 고백했습니다. 또한 다른 조직에도 틀림없이 도움이 될 거라는 확신을 주었습니다. 이 책을 사랑하는 남편 조지에게 바칩니다.

## 에이미 에드먼슨

하버드대학교를 졸업할 무렵, 그러니까 약 30년 전이다. 작가는 평소 롤모델로 삼아 온 버크민스터 풀러<sup>Buckminster Fuller</sup>에게 취업에 관한 조언을 구하며 편지 한 통을 썼다. 그로부터 약 일주일 뒤, 풀러에게서 생각지도 못한 답장을 받았다. 내용은 단순한 조언 그 이상이었다. 전설적인 발명가이자 건축가, 미래학자인 풀러가 작가에게 일자리를 제안해온 것이다. 그렇게 풀러의 '수석 엔지니어'로 채용된 작가는 그와 함께 약 3년을 일하며 더 나은 세상을 만들기 위한 리더의 역할에 대해 관심 있게 지켜보았다.

 1996년부터 작가는 하버드대학교 교수로 재직했다. 리더십과 팀 조성, 의사결정, 조직학습 등의 과정을 학생들에게 가르쳤다. 그는 현재 하버드 경영대학원 리더십과 경영 부문 노바티스 Novartis 교수로 재직하며 여러 리더와 각 조직을 변화시킬 선결 과제에 대한 연구에 집중하고 있다. 이 책에 담은 내용은 작가의 핵심 연구 주제와도 일맥상통한다. 바로 효과적으로 팀을 꾸려 최선의 결과를 도출하는 업무 환경을 만드는 일이다.

작가의 논문 70여 편은 지금까지 《하버드비즈니스리뷰》, 《캘리포니아매니지먼트리뷰California Management Review》를 비롯해 《행정학회보Administrative Science Quarterly》, 《경영학회저널Academy of Management Journal》등 저명 학술지에 게재되었다. 학계에 입문하기 전에는 페코스리버 학습센터Pecos River Learning Center에서 수석연구원으로 근무한 바 있다. 당시 CEO인 래리 윌슨Larry Wilson과 함께 대기업 변화 프로그램을 설계했고, 이곳에서 작가는 학습과 혁신으로 성장하는 조직을 만들기 위해 리더가 어떤 역할을 해야 하는지 큰 관심을 갖게 되었다. 이전 저서 『티밍』과 『익스트림 티밍』 등에서는 근무 환경이 역동적으로 변할 때 효과적인 팀워크를 구축하기 위한 각종 도전 과제를 집중 탐구했다.

작가의 연구는 여러 차례 세계적인 상을 휩쓸며 그 가치를 인정받았다. 2018년 경영 분야 세계 석학에게 수여하는 '수만트라 고살상Sumantra Ghoshal Award'을 비롯해 2017년 '싱커스50Thinkers50' 선정 '최고의 학자상'을 받았다. 이와 함께 2004년 경영 부문에 기여도가 큰 학자에게 주는 '액센추어상<sup>Accenture Award</sup>'을, 2006년 경영학회가 주최한 '쿤밍상<sup>Cummings Award</sup>'을 수상했다. 더불어 2011년부터는 '싱커스50'가 선정한 '세계에서 가장 영향력 있는 사상가' 중 한 명으로 이름을 올렸고(2017년 13위), 《HR매거진<sup>HR Magazine</sup>》 선정 '세계에서 가장 영향력 있는 사상가 20명'에 포함되기도 했다.

하버드대학교 조직행동 분야에서 박사 학위를, 심리학에서 추가 석사 학위를, 기술디자인 분야에서 추가 학사 학위를 취득한 작가는 현재 매사추세츠주 케임브리지에서 남편 조지 데일리와 두 아들과 함께 지내고 있다.

# 시작하는 글

**1.** 부르케 E, *A Philosophical Inquiry into the Origin of Our Ideas of the Sublime and Beautiful*, 댄싱유니콘북스 출판사, 2016

**2.** 셀링고, J.J., "Wanted: Factory Workers, Degree Required." *The New York Times*. 2017.1.30., https://www.nytimes.com/2017/01/30/education/edlife/factory-workers-college-degree-apprenticeships.html/ 2018.6.13. 확인

**3.** 크로스 R., 레벨 R., 그랜트 A. "Collaborative Overload," *Harvard Business Review*. 2016.1.1., https://hbr.org/2016/01/collaborative-overload/ 2018.6.13. 확인

**4.** 두히그 C., "What Google Learned From Its Quest to Build the Perfect Team," *The New York Times Magazine*, 2016.2.25., https://www.nytimes.com/2016/02/28/magazine/what-google-

learnedfrom-its-quest-to-build-the-perfect-team.html/
2018.6.13. 확인

5.   위와 같은 기사에서 발췌한 내용입니다.

6.   갤럽, *State of the American Workplace Report*. Gallup: Washington,
     D.C, 2017, http://news.gallup.com/reports/199961/state-
     americanworkplace-report-2017.aspx/ 2018.6.13. 확인

7.   갤럽, *State of the American Workplace Report*, 2012, p.112

8.   에드먼슨 A.C. "Teamwork on the fly." *Harvard Business Review*
     90.4, 2012. 4., pp.72-80

9.   에드먼슨 A.C., *Teaming: How Organizations Learn, Innovate, and
     Compete in the Knowledge Economy*, 샌프란시스코 조세이-바스 출판
     사, 2012

## 1장   지금 당신의 조직은 안전한가?

1.   로조브스키 J., "The five keys to a successful Google team,"
     *re:Work Blog*, 2015.11.17. 게재, https://rework.withgoogle.com/
     blog/five-keysto-a-successful-google-team, 2018.6.13. 참고

2.   고프먼 E., *The Presentation of Self in Everyday Life*, 오버룩 출판사,
     1973 인쇄

3.   에드먼슨 A.C. "Managing the risk of learning: Psychological
     safety in work teams." *International Handbook of Organizational
     Teamwork and Cooperative Working*, 블랙웰 출판사, 2003, pp.255-
     276

4.   머천트 N., "Your Silence is Hurting Your Company." *Harvard*

*Business Review*, 2011.9.7., https://hbr.org/2011/09/yoursilence-
is-hurting-your-company, 2018.6.13. 참고

5. 밀리켄 F.J., 모리슨 E.W., 휴린 P.F., "An Exploratory Study of Employee Silence: Issues that Employees Don't Communicate Upward and Why," *Journal of Management Studies* 40.6, 2003, pp.1453－1476

6. 에드먼슨 A.C., "Psychological Safety and Learning Behavior in Work Teams," *Administrative Science Quarterly* 44.2, 1999, pp.350－83

7. 샤인 E.H., 베니스 W.G., *Personal and Organizational Change through Group Methods: The Laboratory Approach*, 와일리 출판사, 1965 인쇄

8. 샤인 E.H., "How Can Organizations Learn Faster? The Challenge of Entering the Green Room," *Sloan Management Review* 34.2, 1993, pp.85－92

9. 칸 W.A., "Psychological Conditions of Personal Engagement and Disengagement at Work," *Academy of Management Journal* 33.4, 1990, pp.692－724

10. 에드먼슨 A.C., "Learning from Mistakes Is Easier Said Than Done: Group and Organizational Influences on the Detection and Correction of Human Error," *The Journal of Applied Behavioral Science* 32.1, 1996, pp.5－28

11. 에드먼슨 A.C., 1999, 전게서

12. 토즈 D.P., 이반 파블로프, *A Russian Life in Science*. 옥스퍼드대학 출판사, 2014 인쇄

13. 록.D, "Managing with the Brain in Mind," *strategy+business*,

2009.8.27. 게재, https://www.strategy-business.com/article/09306?gko=5df7f/ 2018.6.13. 확인

14.  징크 C.F., 통 Y., 첸 Q., 바셋 D.S., 스테인 J.L., 메이어-린드버그 A. "Know Your Place: Neural Processing of Social Hierarchy in Humans." *Neuron* 58.2, 2008, pp.273-83

15.  이스트만화학 CEO 마크 코스타, 2018.4.18. 하버드 경영대학원 수업 중 언급한 내용입니다.

16.  위와 같은 수업 중 언급한 내용입니다.

17.  위와 같은 수업 중 언급한 내용입니다.

18.  밀리켄 F.J., 모리슨 E.W., 휴린 P.F., "An Exploratory Study of Employee Silence: Issues That Employees Don't Communicate Upward and Why," *Journal of Management Studies* 40.6, 2003, pp.1453-76

19.  메이 D.R., 길슨 G.L., 하터 L.M., "The Psychological Conditions of Meaningfulness, Safety and Availability and the Engagement of the Human Spirit at Work." *Journal of Occupational and Organizational Psychology* 77.1, 2004, pp.11-37

20.  처프타이 A. A., 버클리 F., "Exploring the impact of trust on research scientists' work engagement." *Personnel Review* 42.4, 2013, pp.396-421

21.  울루소이 N., 모들러스 C., 피셔 S., 바예르 H., 데베치 S., 데미랄 Y., 로슬러 W. "A Matter of Psychological Safety: Commitment and Mental Health in Turkish Immigrant Employees in Germany," *Journal of Cross-Cultural Psychology* 47.4, 2016, pp.626-645

22.  깁슨 C.B., 깁스 J.L., "Unpacking the Concept of Virtuality:

The Effects of Geographic Dispersion, Electronic Dependence, Dynamic Structure, and National Diversity on Team Innovation." *Administrative Science Quarterly* 51.3, 2006, pp.451 – 95

23. 에드먼슨 A.C., 스미스 D.M., "Too Hot to Handle? How to Manage Relationship Conflict." *California Management Review* 49.1, 2006, pp.6 – 31

24. 브래들리 B.H., 포슬스웨이트 B.E., 함다미 M.R., 브라운 K.G., "Reaping the Benefits of Task Conflict in Teams: The Critical Role of Team Psychological Safety Climate," *Journal of Applied Psychology* 97.1, 2012, pp.151 – 58

25. "How to Build the Perfect Team," *Fareed Zakaria GPS*, CNN, 2016.4.17., https://archive.org/details/CNNW_20160417_170000_Fareed_Zakaria_GPS/ 2018.6.1. 확인

## 2장  두려움 없는 조직은 무엇이 다른가?

1. 이 인용구는 다음 자료에서 발췌한 내용입니다. 겔브, M.J., *Thinking for a Change: Discovering the Power to Create, Communicate, and Lead.* Harmony, 1996, pp.96

2. 미니애폴리스 아동병원 줄리 모라스의 운영 정책은 나를 비롯해 동료 마이크 로베르토, 아니타 터커가 진행한 사례연구를 통해 좀 더 구체적으로 살펴볼 수 있습니다. 에드먼슨 A.C., 로베르토 M., 터커 A.L., Children's Hospital and Clinics (A), Case

Study, HBS Case No. 302-050, 보스턴 하버드 경영대학원 출판
사, 2001

3.  프레임 짜기와 관련해서는 다음 책의 챕터 3을 살펴보기 바랍니
    다. 에드먼슨 A.C., *Teaming: How Organizations Learn, Innovate, and
    Compete in the Knowledge Economy*. San Francisco: Jossey-Bass, 2011,
    Print, pp.83 – 113

4.  에드먼슨 A.C., 넴바드 I.M., 롤로프 K.S., Children's Hospital
    and Clinics (B). Case Study, HBS Case No. 608-073, 보스턴 하
    버드 경영대학원 출판사, 2007

5.  에드먼슨 A.C. 외 Children's Hospital and Clinics (A), 2001, 전
    게서

6.  코끼리와 장님에 관한 가장 유명한 우화는 존 갓프레이 작세의
    시 구절에서 찾아볼 수 있습니다. 해당 시에는 다음 구절이 포
    함돼 있습니다. "그래서 인도네시아 사람들은 제각기 목소리
    를 높여 자신의 주장이 옳다고 주장했다. 한 사람 한 사람의 말
    은 부분적으로 다 맞았지만, 전체적으로 보면 모두 틀린 말이었
    다." 시 전문은 다음 사이트에서 열람할 수 있습니다. https://
    en.wikisource.org/wiki/The_poems_of_John_Godfrey_Saxe/
    The_Blind_Men_and_the_Elephant/ 2018.6.12. 확인

7.  이 인용구는 텔러가 2016년 4월 20일 스탠퍼드대학의
    'Entrepreneurial Thought Leaders' 시리즈에서 강연한 내용에서
    발췌한 내용입니다. 강연 전체 영상은 다음 사이트에서 확인할
    수 있습니다. Stanford's eCorner: https://ecorner.stanford.edu/
    video/celebrating-failure-fuels-moonshots-entire-talk/

8.  "What We Do," X, https://x.company/about/ 2018.6.8. 확인

9.  톰슨 D., "Google X and the Science of Radical Creativity,"

*The Atlantic*, 2017.11, https://www.theatlantic.com/magazine/archive/2017/11/x-google-moonshot-factory/540648/ 2018.6.8. 확인

**10.** 위와 같은 자료에서 발췌한 내용입니다.

**11.** 위와 같은 자료에서 발췌한 내용입니다.

**12.** 텔러 A., "The Unexpected Benefit of Celebrating Failure," *TED*, 2016, https://www.ted.com/talks/astro_teller_the_unexpected_benefit_of_celebrating_failure/ 2018.6.8. 확인

**13.** 거트너 J., "The Truth About Google X: An Exclusive Look Behind The Secretive Lab's Closed Doors," *Fast Company*, 2014.4.15., https://www.fastcompany.com/3028156/the-google-x-factor/ 2018.6.13. 확인

**14.** 톰슨 D., *The Atlantic*, 2017.11

**15.** 위와 같은 자료에서 발췌한 내용입니다.

**16.** 웨이크필드 D., "Google boss on why it is OK to fail," *BBC News*, 2016.2.16., http://www.bbc.com/news/technology-35589220/ 2018.6.14. 확인

**17.** 도허티 C., "They Promised Us Jet Packs. They Promised the Bosses Profit," *The New York Times*, 2016.7.23., https://www.nytimes.com/2016/07/24/technology/they-promised-us-jet-packsthey-promised-the-bosses-profit.html/ 2018.6.14. 확인

**18.** 라플리 A.G., 카란 R., *The Game-Changer: How You Can Drive Revenue and Profit Growth with Innovation*, 크라운 비즈니스 출판사, 2008

**19.** 캣멀 E., 월러스 A., *Creativity, Inc.: Overcoming the Unseen Forces That Stand in the Way of True Inspiration*, 뉴욕 랜덤하우스 출판사, 2013,

p.123

20. 보다 다양한 종류의 업무를 확인하려면 다음 책의 챕터 1을 참고하기 바랍니다. *Teaming: How Organizations Learn, Innovate, and Compete in the Knowledge Economy*, 샌프란시스코 조세이-바스 출판사, 2012, pp.11 – 43

21. 에드먼슨 A.C., "Strategies for Learning from Failure," *Harvard Business Review*, 2011. 4 https://hbr.org/2011/04/strategies-forlearning-from-failure/ 2018.6.14. 확인

22. 이 테이블은 다음 책의 챕터 5에 수록된 내용을 수정한 버전입니다. 에드먼슨 A.C., *Teaming: How Organizations Learn, Innovate, and Compete in the Knowledge Economy*, 샌프란시스코 조세이-바스 출판사, 2012, p.166

23. 본 책에 등장하는 폭스바겐 관련 내용은 개인적인 경로를 통해, 그리고 다음의 학술자료를 통해 확보한 것입니다.

- 지올리토 V., 베르딘 P., 함위 M., 콜라디 Y., Volkswagen: A Global Champion in the Making? Case Study, 솔베이 브뤼셀 경제경영대학원, 2017, 린치 L.J., 쿠르토 C., 버드 E.

- The Volkswagen Emissions Scandal, Case Study, UVA No. 7245., 버지니아 샬롯츠빌 버지니아대학 다르덴경영 출판사, 2016

- 슈에츠 M., Dieselgate – Heavy Fumes Exhausting the Volkswagen Group. Case Study, HK No. 1089., 홍콩대학 아시아사례연구센터, 2016

24. 에윙 J., "Volkswagen C.E.O. Martin Winterkorn Resigns Amid Emissions Scandal." *The New York Times*, 2015.9.23., https://www.nytimes.com/2015/09/24/business/international/

volkswagen-chief-martin-winterkorn-resigns-amid-emissions-
scandal.html/ 2018.6.13. 확인

25.  팔로프 R. "How VW Paid $25 Billion for 'Dieselgate' – and
Got Off Easy." *Fortune Magazine*. 2018.2.6., http://fortune.
com/2018/02/06/volkswagen-vw-emissions-scandal-
penalties/2018.6.13. 확인

26.  소로카니치 B., "Report: Bosch Warned VW About Diesel
Emissions Cheating in 2007." *Car and Driver*. 2015.9.18., https://
blog.caranddriver.com/report-bosch-warned-vw-about-
diesel-emissionscheating-in-2007/ 2018.6.13. 확인

27.  하킴 D., 케슬러 A.M., 에윙 J., "As Volkswagen Pushed to
Be No. 1, Ambitions Fueled a Scandal." *The New York Times*,
2015.9.26., https://www.nytimes.com/2015/09/27/business/
as-vwpushed-to-be-no-1-ambitions-fueled-a-scandal.html/
2018.6.13. 확인

28.  크레머 A., 버진 T., "Fear and Respect: VW's culture under
Winterkorn," *Reuters*., 2015.10.10., https://www.reuters.com/
article/us-volkswagen-emissions-culture/fear-and-respect-
vws-culture-underwinterkorn-idUSKCN0S40MT20151010/
2018.6.13. 확인

29.  위와 같은 자료에서 발췌한 내용입니다.

30.  루츠 B., "One Man Established the Culture that Led to VW's
Emission Scandal," *Road and Track*, 2015.11.4. https://www.
roadandtrack.com/car-culture/a27197/bob-lutz-vw-diesel-
fiasco/ 2018.6.13. 확인

31.  오브라이언 M.,(연출자). "NOVA: Nuclear Meltdown Disaster,"

*PBS*, 2015.7.29. 방영 http://www.pbs.org/wgbh/nova/tech/ nuclear-disaster.html/ 2018.6.15. 확인

32. 굴라티 R., 카스토 C., 크론티리스 C., "How the Other Fukushima Plant Survived," *Harvard Business Review*, 2015, https://hbr. org/2014/07/how-the-other-fukushima-plant-survived/ 2018.6.13. 확인

33. 위와 같은 자료에서 발췌한 내용입니다.

34. 캐럴 C., "The CEO of Anglo American on Getting Serious about Safety," *Harvard Business Review*, 2012, https://hbr. org/2012/06/theceo-of-anglo-american-on-getting-serious- about-safety/ 2018.6.14. 확인

35. 이 인용구는 스토아학파 철학자 마르쿠스 아우렐리우스의 저 서 명상록 제7권에 포함된 내용으로 원문은 다음과 같습니다. *"if thou shalt be afraid not because thou must some time cease to live, but if thou shalt fear never to have begun to live according to nature- then thou wilt be a man worthy of the universe which has produced thee."* 조지 롱의 명상록 제7권 번역본은 다음 사이트에서 무료로 열람할 수 있습 니다. http://classics.mit.edu/Antoninus/meditations.12.twelve. html/ 2018.7.27. 확인

36. 샤인 E.H., *Humble Inquiry: the Gentle Art of Asking Instead of Telling*, 베렛 코엘러 출판사, 2013, p.11.

37. 오웬스, B.P., 존슨 M.D., 미첼 T.R., "Expressed Humility in Organizations: Implications for Performance, Teams, and Leadership," *Organization Science* 24.5, 2013, pp.1517-38

38. 앤 멀케이, 2017.10.11., 하버드 경영대학원 수업에서 언급한 내 용입니다.

39. 위와 같은 수업에서 언급한 내용입니다.

40. 케이블 CD. "How Humble Leadership Really Works," *Harvard Business Review*, 2018.4.23., https://hbr.org/2018/04/how-humbleleadership-really-works/ 2018.6.14. 확인

41. 아니타 터커, 잉그리드 넴바드, 에드먼스 A.C., "Implementing New Practices: An Empirical Study of Organizational Learning in Hospital Intensive Care Units," *Management Science* 53.6, 2007, pp.894 – 907

42. 위와 같은 자료에서 발췌한 내용입니다.

43. 로스 L., 와드 A., "Naive Realism: Implications for Social Conflict and Misunderstanding," In *Values & Knowledge*, T. 브라운, E.S. 리드, E. 터리엘 편집, 로렌스 엘바움 출판사, 1996, pp.103 – 35

44. 다음 자료에서 발췌한 내용입니다. "The Art of Powerful Questions," World Cafe, http://www.theworldcafe.com/ 2018.7.27. 확인

45. 옹호 및 질문에 관한 액션스미스그룹의 게시글, http://actionsmithnetwork.net/wp-content/uploads/2015/09/Advocacy-and-Inquiry-Article_Final.pdf/ 2018.6.21. 확인

46. 브라이언트 A., "Bob Pittman of Clear Channel, on the Value of Dissent," *The New York Times*, 2013.11.16., https://www.nytimes.com/2013/11/17/business/bob-pittman-of-clear-channel-on-the-valueof-dissent.html/ 2018.6.14. 확인

47. 곽 J., "How Not to Regulate," *The Atlantic*, 2014.9.30., https://www.theatlantic.com/business/archive/2014/09/how-notto-regulate/380919/ 2018.6.13. 확인

48. 드웩의 마인드셋 이론에 관해서는 다음 자료를 참고하기 바랍니

다. 드웩, C.S. *Mindset: The New Psychology of Success*, 개정판, 랜덤 하우스 출판사, 2016

**49.** 버튼 T., "By Learning From Failures, Lilly Keeps Drug Pipeline Full." *The Wall Street Journal*, 2004.4.21., https://www.wsj.com/articles/SB108249266648388235/ 2018.6.14. 확인

**50.** 해당 메모는 다음 사이트로 가장 먼저 유출되었습니다. https://gizmodo.com/exclusive-heres-the-full-10-page-anti-diversity-screed-1797564320/ 2018.6.15. 확인

**51.** 더 많은 사례는 다음 자료에서 확인할 수 있습니다.
- 와카바야시 D., "Contentious Memo Strikes Nerve Inside Google and Out," *The New York Times*, 2018.8.8., https://www.nytimes.com/2017/08/08/technology/google-engineer-firedgender-memo.htm/ 2018.6.14. 확인
- 몰테니 M., 로저스 A., "The Actual Science of James Damore's Google Memo," *WIRED*, 2017.8.15. 확인, https://www.wired.com/story/the-pernicious-science-of-james-damores-googlememo/ 2018.6.14. 확인

**52.** 해리스 S.J., "Syd Cannot Stand Christmas Neckties." *The Akron Beacon Journal*, 1951.1.5., p.6, https://www.newspapers.com/newspage/147433987/ 2018.7.23. 확인

**53.** 에드먼슨 A.C., 모겔로프 J.P., "Explaining Psychological Safety in Innovation Teams: Organizational Culture, Team Dynamics, or Personality?" *Creativity and Innovation in Organizational Teams*, L. 톰슨, H. 최, 로렌스 엘바움 출판사, 2005, pp.109-36

**54.** 이 내용은 에드먼슨 A.C.의 다음 자료를 수정한 내용입니다. "The Competitive Imperative of Learning," *Harvard Business*

*Review*. July –August, 2008. 이후 해당 자료는 다음 제목으로 다시 출간되었습니다. *Teaming: How Organizations Learn, Innovate, and Compete in the Knowledge Economy*, 샌프란시스코 조세이-바스 출판사, 2012

55.   스팀 J.H., 타운센 N.W., *The U.S. Army War College: Military Education in a Democracy*, 템플대학 출판사, 2002

56.   후쿠시마 제1원자력발전소 사고와 관련한 내용은 각종 보고서를 참고하였습니다.

- Fukushima Nuclear Accident Independent Investigation Commission(NAIIC), "Official Report of the Fukushima Nuclear Accident Independent Investigation Commission: Executive Summary," *National Diet of Japan*, 2012, https://www.nirs.org/wp-content/uploads/fukushima/naiic_report.pdf/ 2018.6.12. 확인

- 아나모 Y., "The Fukushima Daiichi Accident: Report by the Director General," *International Atomic Energy Agency Report*. 2015, https://www-pub.iaea.org/MTCD/Publications/PDF/Pub1710-ReportByTheDG-Web.pdf/ 2018.6.12. 확인

57.   위와 같은 자료에서 발췌한 내용입니다.

58.   Fukushima NAIIC, 2012, p.16

59.   클렌필드 J., 사토 S., "Japan Nuclear Energy Drive Compromised by Conflicts of Interest," *Bloomberg*, 2007.12.12., http://www.bloomberg.com/apps/news?pid=newsarchive&sid=awR8KsLlAcSo/ 2018.6.12. 확인

60.   이시바시 K., "Why Worry? Japan's Nuclear Plants at Grave Risk From Quake Damage," *The Asia-Pacific Journal*, 2007.8.1.

https://apjjf.org/-Ishibashi-Katsuhiko/2495/article.html/ 2018.6.12. 확인

61.  클렌필드 J., "Nuclear Regulator Dismissed Seismologist on Japan Quake Threat," *Bloomberg.com*, 2011.11.21., https:// www.bloomberg.com/news/articles/2011-11-21/nuclear- regulatordismissed-seismologist-on-japan-quake-threat/ 2018.6.12. 확인

62.  세계원자력협회, "Nuclear Power in Japan," *World-Nuclear.org*, www.world-nuclear.org/information-library/country-profiles/ countries-g-n/japan-nuclear-power.aspx./ 2018.6.4. 확인

63.  위와 같은 자료에서 발췌한 내용입니다.

64.  알드리치 D.P., "With a Mighty Hand," *The New Republic*, 2011.3.19., https://newrepublic.com/article/85463/japan- nuclear-powerregulation/ 2018.6.11. 확인

65.  세계원자력협회, "Nuclear Power in Japan,"

66.  Fukushima NAIIC, 2012, p.9

67.  위와 같은 자료에서 발췌한 내용입니다.

68.  위와 같은 자료에서 발췌한 내용입니다.

69.  립시 P.Y., 쿠시다 K.E., 인세르티 T., "The Fukushima Disaster and Japan's Nuclear Plant Vulnerability in Comparative Perspective," *American Chemical Society: Environmental Science & Technology*, 2013, 47, pp.082-6088

70.  웰스파고 사태와 관련한 구체적인 내용은 다음 자료를 참고하기 바랍니다. 린치 L.J., 콜만 A.R. 쿠트로 C., The Wells Fargo Banking Scandal. Case Study. UVA No. 7267., 버지니아 샬롯츠빌 버지니아대학 다르덴경영 출판사, 2017

71. 웰스파고, 2015 연례보고서
72. 웰스파고, 2010 연례보고서
73. 웰스파고, 2015 연례보고서
74. 곤잘레스 R., "Wells Fargo CEO John Stumpf Resigns Amid Scandal," *NPR*, 2016.10.12., https://www.npr.org/sections/thetwo-way/2016/10/12/497729371/wells-fargo-ceo-john-stumpf-resigns-amidscandal/ 2018.6.13. 확인
75. 렉카드 E.S., "Wells Fargo's Pressure-Cooker Sales Culture Comes at a Cost," *The Los Angeles Times*, 2013.12.21., http://www.latimes.com/business/la-fi-wells-fargo-sale-pressure-20131222-story.html/ 2018.6.13. 확인
76. 켈러 L.J., 켐벨 D., & 메로트라 K., "While 5,000 Wells Fargo Employees Got Fired, Their Bosses Thrived," *Bloomberg*, 2016.11.3., https://www.bloomberg.com/news/articles/2016-11-03/wells-fargo-s-stars-climbed-while-abuses-flourished-beneath-them/ 2018.6.13. 확인
77. 카오 A., "Lawsuit Alleges Exactly How Wells Fargo Pushed Employees to Abuse Customers," *TIME*. 2016.9.29., http://time.com/money/4510482/wells-fargo-fake-accounts-class-action-lawsuit/ 2018.6.13. 확인
78. 메로트라 K., "Wells Fargo Ex-Managers' Suit Puts Scandal Blame Higher Up Chain," *Bloomberg*. 2016.12.8., https://www.bloomberg.com/news/articles/2016-12-08/wells-fargo-ex-managerssuit-puts-scandal-blame-higher-up-chain/ 2018.6.13. 확인
79. 렉카드 E.S., 2013.12.21.

80. 카울리 S., "Voices From Wells Fargo: 'I Thought I Was Having a Heart Attack,'" *The New York Times*, 2016.10.20., https://www.nytimes.com/2016/10/21/business/dealbook/voices-from-wellsfargo-i-thought-i-was-having-a-heart-attack.html/ 2018.6.13. 확인

81. 카오 A., 2016.9.29.

82. 카울리 S., 2016.10.20.

83. 글레이저 E., 렉스로드 C., "Wells Fargo CEO Defends Bank Culture, Lays Blame With Bad Employees." *The Wall Street Journal*. 2016.9.13., https://www.wsj.com/articles/wells-fargo-ceo-defendsbank-culture-lays-blame-with-bad-employees-1473784452/ 2018.6.13. 확인

84. 이건 M., 2016.9.8.

85. 프리드 D., 렉카드 E.S., "Wells Fargo Faces Costly Overhaul of Bankrupt Sales Culture," *Reuters*, 2016.10.12

86. 코커리 M., 카울리 S., "Wells Fargo Warned Workers Against Sham Accounts, but 'They Needed a Paycheck.'" *The New York Times*, 2016.9.16., https://www.nytimes.com/2016/09/17/business/dealbook/wells-fargo-warned-workers-against-fakeaccounts-but-they-needed-a-paycheck.html/ 2018.6.13. 확인

87. 위와 같은 자료에서 발췌한 내용입니다.

88. 소비자금융보호국 보도자료 "Consumer Financial Protection Bureau Fines Wells Fargo $100 Million for Widespread Illegal Practice of Secretly Opening Unauthorized Accounts." *ConsumerFinance.gov*, 2016.9.8., https://www.

consumerfinance.gov/about-us/newsroom/consumer-financialprotection-bureau-fines-wells-fargo-100-million-widespread-illegalpractice-secretly-opening-unauthorized-accounts/ 2018.6.13. 확인

89. 이건 M., "Wells Fargo Admits to Signs of Worker Retaliation," *CNN Money*. 2017.1.23., http://money.cnn.com/2017/01/23/investing/wells-fargo-retaliation-ethics-line/index.html/ 2018.6.13. 확인

90. 밥 채프먼과 베리웨밀러에 대한 내용은 채프먼의 저서 *Everybody Matters*, 그리고 하버드 경영대학원 잰 리브킨의 사례연구 자료에서 발췌한 것입니다.

- 채프먼 B., 시소디아 R., *Everybody Matters: The Extraordinary Power of Caring for Your People Like Family*, 미국 펭귄-랜덤하우스 출판사, 2015
- 마이너 D., 리브킨 J., Truly Human Leadership at Barry-Wehmiller, Case Study, HBS No. 717-420, 매사추세츠 보스턴 하버드 경영대학원 출판사, 2016

91. "Surpassing 100 acquisitions, Barry-Wehmiller looks to the future," Barry-Wehmiller, 2016.2.6., https://www.barrywehmiller.com/docs/default-source/pressroom-library/pr_bw_100acquisitions_020618_final.pdf?sfvrsn=2/ 2018.6.8. 확인

92. 채프먼 B., 시소디아 R., 2015, p.201.

93. "Surpassing 100 acquisitions, Barry-Wehmiller looks to the future," 2016.2.6., 전게서

94. 채프먼 B., 시소디아 R., 2015, p.53

**95.**    채프먼 B., 시소디아 R., 2015, p.59

**96.**    채프먼 B., 시소디아 R., 2015, p.53

**97.**    채프먼 B., 시소디아 R., 2015, p.170

**98.**    위와 같은 자료에서 발췌한 내용입니다.

**99.**    제 친구이자 동료였던 하버드 경영대학원의 故 데이비드 A. 가빈 교수는 'ing' 형태로 끝나는 영어 표현은 모두 '진행 중'이라는 뜻을 내포하고 있다고 설명했습니다. 해당 표현은 한 번에 끝나지 않는 일이라는 걸 나타내면서, 동시에 리더의 노력으로 발전할 수 있는 일이라는 뜻도 됩니다. 이러한 맥락에서 심리적으로 안전한 조직을 만드는 일은 리더로서 기본 토대를 구축하고, 참여를 유도하며, 매순간 생산적으로 반응해야하기에 매우 고되고 힘든 과정입니다. 결코 끝나지 않는 일입이가. 하지만 상품이나 서비스의 제조 과정을 최적화해나가듯이 심리적으로 안전한 조직 역시 끊임없이 발전해갈 수 있습니다.

## 3장    최고의 조직은 어떻게 혁신을 거듭하는가?

**1.**    맥스웰 J. *Beyond Talent: Become Someone Who Gets Extraordinary Results.* Thomas Nelson, 2011, p.184

**2.**    '이익을 얻는다'와 '손해를 피한다'는 이분법은 여러 가지 맥락에서 다양하게 사용됩니다. 사업관계에서는 주로 '승리 추구하기' vs. '실패 모면하기'로 쓰이는 식입니다. 이와 유사하게 행동과학 분야의 선구자 다니엘 카네만과 아모스 트베르스키는 인간의 행동에서도 손실을 극도로 꺼리는 경향이 나타난다고 설명합니다. 즉, 이득에 의한 기쁨보다 손실에 의한 고통이 훨씬 크게 느껴진

다는 것입니다. 심리학 분야에서는 컬럼비아대학 E. 토리 히긴스 교수가 '승리의 혜택에 집중하는 집단' vs. '실패의 예방에 집중하는 집단'으로 나누어 사람들의 행동결정요인을 분석했습니다. 스탠퍼드대학의 교육심리학자 캐럴 드웩 교수는 '고정된 마인드셋을 가진 학생' vs. '성장하는 마인드셋을 가진 학생'을 나누어 광범위하게 연구를 진행했습니다. 전자는 다른 사람에게 바보처럼 보이는 것만큼은 반드시 피해야 한다고 믿는 이들, 후자는 학습과 개선을 중시하는 이들이었습니다. 이 같은 이분법이 전달하는 바는 명확합니다. 개인과 팀, 조직의 지속가능한 성과는 실패를 두려워하는 태도가 아닌 승리를 추구하는 태도에서 비롯된다는 것입니다.

3. 다음 자료를 참고하기 바랍니다. 태도 변화를 유도하는 데 훌륭한 가이드가 되어줄 것입니다. 윌슨 L., 윌슨 H., *Play To Win!: Choosing Growth Over Fear inWork and Life*, 개정판, 바드 출판사, 2013

4. 프랭클린 델라노 루스벨트, 대통령 취임연설, *History*, 1933.3.4. https://www.history.com/speeches/franklin-droosevelts-first-inaugural-address/ 2018.6.7. 확인

5. "Our Story," Pixar Animation Studios, https://www.pixar.com/ourstory-1#our-story/ 2018.6.7. 확인

6. 캣멀 E., 월러스 A., *Creativity, Inc.: Overcoming the Unseen Forces That Stand in the Way of True Inspiration*, 뉴욕 랜덤하우스 출판사, 2013

7. 캣멀 E., 월러스 A., 2013, p.90

8. 캣멀 E., 월러스 A., 2013, p.95

9. 캣멀 E., 월러스 A., 2013, p.105

10. 캣멀 E., 월러스 A., 2013, p.109

11.	캣멀 E., 월러스 A., 2013, p.111

12.	캣멀 E., 월러스 A., 2013, pp.108–109

13.	캣멀 E., 월러스 A., 2013, p.190

14.	캣멀 E., 월러스 A., 2013, p.123

15.	Nokia Corporation, 1998 연례보고서

16.	후이 Q., 뷰오리 T., "Who Killed Nokia? Nokia Did," *INSEAD Knowledge*. 2015.9.22., https://knowledge.insead.edu/strategy/who-killed-nokia-nokia-did-4268/ 2018.6.13. 확인

17.	바스 D., 하이스카넨 V., 피클링 D., "Microsoft to Buy Nokia's Devices Unit for $7.2 Billion," *Bloomberg*, 2013.9.3., https://www.bloomberg.com/news/articles/2013-09-03/microsoft-to-buynokia-s-devices-business-for-5-44-billion-euros/ 2018.6.13. 확인

18.	후이 Q., 뷰오리 T., 2015.9.22.

19.	위와 같은 자료에서 발췌한 내용입니다.

20.	후이 Q., 뷰오리 T., "Distributed Attention and Shared Emotions in the Innovation Process: How Nokia Lost the Smartphone Battle," *Administrative Science Quarterly* 61.1, 2016, p.23

21.	위와 같은 자료에서 발췌한 내용입니다.

22.	위와 같은 자료에서 발췌한 내용입니다.

23.	위와 같은 자료에서 발췌한 내용입니다.

24.	후이 Q., 뷰오리 T., 2016, p.30

25.	후이 Q., 뷰오리 T., 2016, p.32

26.	후이 Q., 뷰오리 T., "How Nokia Embraced the Emotional Side of Strategy." *Harvard Business Review*. May 23, 2018. https://hbr.org/2018/05/how-nokia-embraced-the-emotional-side-ofstrategy/ 2013.6.14. 확인

27.  위와 같은 자료에서 발췌한 내용입니다.

28.  데밍, W. E., *Out of the Crisis*, 매사추세츠 케임브리지 매사추세츠 공과대학, Center for Advanced Engineering Study, 1986

29.  로베르토 M.A., 에드먼슨 A.C., 바흐메르 R.J., *Columbia's Final Mission*. Case Study. HBS No. 304-090., 매사추세츠 보스턴 하버드대학 출판사, 2004

30.  위트크래프트 D., 카츠 D., 데이 T., (연출자). "Columbia: Final Mission," *ABC Primetime*, New York: ABC News, 2003

31.  National Aeronautics and Space Administration. *Columbia Accident Investigation Board*: Report Volume 1. Washington, D.C.: 미국 정부인쇄국, 2003.

32.  위트크래프트 D. 외, 2003

33.  보다 구체적인 내용은 다음 자료를 참고하기 바랍니다. 바머 R.J., 에드먼슨 A.C., 로베르토 M.A, *Columbia's Final Mission*(Multimedia Case), Case Study, HBS No. 305-032, 매사추세츠 보스턴 하버드 경영대학원 출판사, 2005

34.  다음 사이트를 참고하기 바랍니다. https://nasapeople.nasa.gov/ awards/eligibility.htm/ 2018.6.14. 확인

35.  해당 사례연구를 포함해 다양한 자료를 다음 사이트에서 확인할 수 있습니다. https://www.nasa.gov/content/goddard-ockocase-studies/ 2018.6.1. 확인

36.  블라식 B., "Volkswagen Official Gets 7-Year Term in Diesel-Emissions Cheating." *The New York Times*. December 6, 2017. https://www.nytimes.com/2017/12/06/business/oliver-schmidt-volkswagen.html/ 2018.6.13. 확인

**37.** 프레이는 우버에서의 경험을 다음 팟캐스트에서 자세히 언급했습니다. Harvard Business School, "Fixing the Culture at Uber," *HBS After Hours*, 2018.4.2. http://hbsafterhours.com/ep-6-fixing-the-culture-atuber / 2018.6.1. 확인

**38.** 길버트 S., "The Movement of #MeToo: How a Hashtag Got Its Power," *The Atlantic*, 2017.10.16., https://www.theatlantic.com/entertainment/archive/2017/10/the-movement-of-metoo/542979/ 2018.6.14. 확인

**39.** 가르시아 S.E., "The Woman Who Created #MeToo Long Before Hashtags," *The New York Times*, 2017.10.20., https://www.nytimes.com/2017/10/20/us/me-too-movement-tarana-burke.html/ 2018.6.13. 확인

**40.** 파울러 S. "Reflecting on One Very, Very Strange Year at Uber," 수잔 파울러 개인 웹사이트, 2017.2.19., https://www.susanjfowler.com/blog/2017/2/19/reflecting-on-one-very-strange-year-at-uber/ 2018.6.5. 확인

**41.** 우버 사태와 관련한 구체적인 내용은 동료학자 제이 로쉬와 그 동료들의 사례연구 자료에서 발췌한 내용입니다. 스리니바산 S., 로쉬 J.W., 피처 Q., Uber in 2017: One Bumpy Ride. Case Study, HBS No. 117-070, 매사추세츠 보스턴 하버드대학 출판사, 2017

**42.** 이삭 M., "Inside Uber's Aggressive, Unrestrained Workplace Culture." *The New York Times*, 2017.2.22., https://www.nytimes.com/2017/02/22/technology/uber-workplace-culture.html/ 2018.6.13. 확인

**43.** 이삭 M., "Uber's C.E.O. Plays With Fire," *The New York Times*, 2017.4.23., https://www.nytimes.com/2017/04/23/technology/

traviskalanick-pushes-uber-and-himself-to-the-precipice. html/ 2018.6.13. 확인

**44.** 이삭 M., 2017.2.22.

**45.** Quora. "What Are Uber's 14 Cultural Values?" *Quora*, https:// www.quora.com/What-are-Ubers-14-core-cultural-values/

**46.** 슐라이퍼, T., "Uber's latest valuation: $72 billion." *Recode*, 2018.2.9., https://www.recode.net/2018/2/9/16996834/ uber-latestvaluation-72-billion-waymo-lawsuit-settlement/ 2018.6.13. 확인

**47.** 이삭 M., 2017.2.22.

**48.** 스리니바산 S., 로쉬 J.W., 피처 Q., Uber in 2017: One Bumpy Ride, Case Study, HBS No. 117-070, 매사추세츠 보스턴 하버드 대학 출판사, 2017

**49.** 킴 L., "Two Bay Area Women on Time Cover for 'Person of the Year,'" *ABC7 San Francisco*, 2017.12.7.

**50.** 후크 L., "FT Person of the Year: Susan Fowler," *Financial Times*, 2017.12.12.

**51.** 모스 B., "Elon Musk, Susan Fowler, and Mark Zuckerberg Join Tech's Biggest Names in 'New Establishment' List," *Inc.com*, 2017.10.2., https://www.inc.com/brittany-morse/elon-musk- susan-fowler-andmarkzerberg-join-big-tech-names-in-new- establishment-list.html/ 2018.6.8. 확인

**52.** 부이얀 J., "With Just Her Words, Susan Fowler Brought Uber to Its Knees," *Recode*, 2017.12.6., https://www.recode. net/2017/12/6/16680602/susan-fowler-uber-engineer-recode- 100-diversitysexual-harassment/ 2018.6.12. 확인

53. 이삭 M., "Uber Founder Travis Kalanick Resigns as C.E.O." *The New York Times*, 2017.6.12., https://www.nytimes.com/2017/06/21/technology/uber-ceo-travis-kalanick.html/ 2018.6.13. 확인

54. 팟캐스트 "Fixing the Culture at Uber," *HBS After Hours*, 2018.4.2.

55. 콜락타르 S., "At Uber, a New CEO Shifts Gears." *The New Yorker*, 2018.4.9.

56. 위와 같은 자료에서 발췌한 내용입니다.

57. *HBS After Hours*, 2018.4.2.

58. 콜락타르 S., 2018.4.9.

59. "Guide: Create an Employee-to-Employee Learning Program," *re:Work*. https://rework.withgoogle.com/guides/learning-development-employee-to-employee/steps/introduction/ 2018.6.14. 확인

60. 다음 자료를 참고하기 바랍니다. 슈와츠 R., *The Skilled Facilitator: A Comprehensive Resource for Consultants, Facilitators, Managers, Trainers, and Coaches*, 2차 편집본, 샌프란시스코 조세이-바스 출판사, 2002

61. 에드먼슨 A.C., 스미스 D.M. "Too hot to handle? How to manage relationship conflict," *California Management Review* 49.1, 2006, pp.6–31

62. 에드먼슨 A.C., "The local and variegated nature of learning in organizations," *Organization Science* 13.2, 2002, pp.128–146

63. 헤레로 L., "The Last Thing I Need Is Creativity." *Leandro Herrero*, 2014.4.14. https://leandroherrero.com/the-last-thing-

i-need-iscreativity/ 2018.6.14. 확인

**64.** 권력거리에 관한 초기 연구는 다음 자료에서 확인할 수 있습니다. 홉스테드 G., *Culture's Consequences: International Differences in Work-related Values*, 캘리포니아 베벌리힐스 세이지 출판사, 1999, 권력거리의 차이가 심리적 안정감에 미치는 영향에 대한 연구 내용은 다음 자료에서 확인할 수 있습니다.

- 아니치 E.M., 스왑 R.I.,갈린스키 A.D., "Hierarchical Cultural Values Predict Success and Mortality in High-Stakes Teams," *Proceedings of the National Academy of Sciences* 112.5, 2015, pp.1338-43

- 후 J., 에르도간 B., 지앙 K., 바우어 T.N., 리우 S., "Leader Humility and Team Creativity: The Role of Team Information Sharing, Psychological Safety, and Power Distance," *Journal of Applied Psychology* 103.3, 2017, pp.313-23

**65.** 1625년 프랑스가 배경인 소설 삼총사는 1844년 프랑스 작가 알렉상드르 뒤마의 작품입니다. 이는 이후 영화와 드라마 등으로 다양하게 각색되며 큰 인기를 얻었습니다.

**66.** 다비타와 켄트 시리에 관한 구체적인 내용은 다음의 사례연구 자료를 참고했습니다.

- 피퍼 J., Kent Thiry and DaVita: Leadership Challenges in Building and Growing a Great Company, Case Study, Stanford GSB No. 0B-54, 캘리포니아 팔라알토 스탠퍼드경영대학원, 2006

- 오레일리 C., 피퍼 J., 호잇 D., 드랩킨 D., DaVita: A Community First, A Company Second. Case Study. Stanford GSB No. OB-89, 캘리포니아 팔로알토 스탠퍼드경영대학원, 2014.

- 조지 B., 킨드레드 N., Kent Thiry: "Mayor" of DaVita. Case Study. HBS Case No. 410-065, 매사추세츠 보스턴, 하버드 경영대학원 출판사, 2010
67. 피퍼 J., Kent Thiry and DaVita: Leadership Challenges in Building and Growing a Great Company, 2006, p.19
68. 피퍼 J., Kent Thiry and DaVita: Leadership Challenges in Building and Growing a Great Company, 2006, p.2
69. 켄트 시리, 2011.11.17. 스탠퍼드 경영대학원 발표 내용
70. 오레일리 C. 외 DaVita: A Community First, A Company Second, 2014, p.7
71. "Integrated Care Enhances Clinical Outcomes for Dialysis Patients," News-Medical.net, 2017.10.31., https://www.news-medical.net/news/20171031/Integrated-care-enhances-clinical-outcomesfor-dialysis-patients.aspx/ 2018.6.8. 확인
72. 베르윅 D.M., 놀란 T.W., 휘팅턴 J. "The Triple Aim: Care, Health, and Cost," *Health Affairs*, 27.3, 2008, pp.759-69
73. 달리오 R., "How to Build a Company Where the Best Ideas Win." *TED*. 2017, https://www.ted.com/talks/ray_dalio_how_to_build_a_company_where_the_best_ideas_win/ 2018.6.12. 확인
74. 달리오 R., "Principles." Ray Dalio. 2011. https://docs.google.com/viewer?a=v&pid=sites&srcid=ZGVmYXVsdGRvbWFpbnxlYm9va3Nkb3dubG9hZG5vdzIwMTZ8Z3g6g6MjY3NGU2Njk5N2QxNjViMg/ 2018.6.13. 확인
75. 달리오 R., 2011, p.88
76. 달리오 R., 2011, p.88

77.    달리오 R., 2011, p.89

78.    달리오 R., 2011, p.17

79.    달리오 R., 2011, p.88

80.    달리오 R., 2011, p.19

81.    달리오 R., 2011, p.96

82.    달리오 R., 2011, p.105

83.    달리오 R., 2011, p.102

84.    달리오 R., 2011, p.190

85.    달리오 R., 2011, p.189

86.    테니 M., "Be a Don't Knower: One of Eileen Fisher's Secrets to Success." *The Huffington Post*, 2015.5.15., https://www.huffingtonpost.com/matt-tenney/be-a-dont-knower-one-of-e_b_7242468.html/ 2018.6.12. 확인

87.    페르난데즈 C., "Eileen Fisher Makes Strides Towards Circularity With 'Tiny Factory,'" *The Business of Fashion*, 2017.12.6. https://www.businessoffashion.com/articles/intelligence/eileenfisher-makes-strides-towards-circularity-with-tiny-factory/ 2018.6.8. 확인

88.    테니 M., 2015.5.15.

89.    위와 같은 자료에서 발췌한 내용입니다.

90.    자넷 말콤에 따르면 피셔는 앤 린네와 크리스티나 발드윈의 책 *The Circle Way: A Leader in Every Chair*에 명시된 경영 철학을 상당 부분 모방했습니다. 이 책의 저자들은 협동을 위한 변화된 패러다임으로써 서클 리더십을 받아들였으며, 미국이나 호주 원주민 등의 부족이 추구하는 행태로도 보았습니다.

91.    말콤 J. 2013.9.23.

92. 위와 같은 자료에서 발췌한 내용입니다.

93. 던바 M.F., "Designer Eileen Fisher on how Finding Purpose Changed Her Company. *Conscious Company Media*. 2015.7.4., https://consciouscompanymedia.com/sustainable-business/ designereileen-fisher-on-how-finding-purpose-changed-her-company/ 2018.6.8. 확인

94. 위와 같은 자료에서 발췌한 내용입니다.

95. 위와 같은 자료에서 발췌한 내용입니다.

96. 아일린 피셔, "Business as a Movement," https://www.eileenfisher. com/business-as-a-movement/business-as-a-movement/ 2018.6.8. 확인

97. "Eileen Fisher, No Excuses," *A Green Beauty*, 2016.12.7. https:// agreenbeauty.com/fashion/eileen-fisher-no-excuses/ 2018.6.8. 확인

98. 베켓 W., "Eileen Fisher: A Pocket of Prosperity," *Women's Wear Daily*, 2007.10.17. 확인

99. 가빈 D., 에드먼슨 A., 지노 F., "Is yours a learning organization?" *Harvard Business Review*, 2008년 3월호, pp.109-116

100. 터커 A.L., 넴바드 I.M., 에드먼슨 A.C., "Implementing new practices: An empirical study of organizational learning in hospital intensive care units," *Management Science* 53.6, 2007, pp.894-907

101. 넴바드 I.M., 에드먼슨 A.C., "Making it safe: The effects of leader inclusiveness and professional status on psychological safety and improvement efforts in health care teams." *Journal of Organizational Behavior* 27.7, 2006, pp.941-966

102.    에드먼슨 A.C., "Psychological Safety and Learning Behavior in Work Teams," *Administrative Science Quarterly* 44.2, 1999, pp.350 - 83

## 옮긴이 최윤영

한국외국어대학교와 동 대학교 통번역대학원의 한영과를 졸업했다. 미국 방송국 보이스오브아메리카<sup>Voice of America</sup>와 유통 전문 마케팅기업에서 번역가 겸 컨설턴트로 일하던 중 전문 번역의 길로 들어섰고, 지금까지 영어 번역의 매력에 빠져 있다. 현재 출판번역 에이전시 글로하나에서 영어 전문 번역가로 활동하고 있다.

주요 역서로는 『누가 창의력을 죽이는가』, 『나를 함부로 판단할 수 없다』, 『큐레이션』, 『역사를 바꾼 50가지 전략』, 『행복한 결혼을 위한 2분 레시피』, 『내추럴 뷰티 레시피』 등이 있다.

# 두려움 없는 조직

**초판 1쇄 발행** 2019년 10월 1일
**초판 26쇄 발행** 2024년 9월 9일

**지은이** 에이미 에드먼슨
**옮긴이** 최윤영
**감수** 오승민
**펴낸이** 김선식

**부사장** 김은영
**콘텐츠사업본부장** 임보윤
**책임편집** 한다혜 **디자인** 윤유정
**콘텐츠사업1팀장** 성기병 **콘텐츠사업1팀** 윤유정, 정서린, 문주연, 조은서
**마케팅본부장** 권장규 **마케팅2팀** 이고은, 배한진, 양지환 **채널2팀** 권오권
**미디어홍보본부장** 정명찬
**브랜드관리팀** 오수미, 김은지, 이소영, 서가을 **뉴미디어팀** 김민정, 이지은, 홍수경, 변승주
**지식교양팀** 이수인, 염아라, 석찬미, 김혜원, 박장미, 박주현
**편집관리팀** 조세현, 김호주, 백설희 **저작권팀** 이슬, 윤제희
**재무관리팀** 하미선, 윤이경, 김재경, 임혜정, 이슬기, 김주영, 오지수
**인사총무팀** 강미숙, 지석배, 김혜진, 황종원 **제작관리팀** 이소현, 김소영, 김진경, 최완규, 이지우, 박예찬
**물류관리팀** 김형기, 김선민, 주정훈, 김선진, 한유현, 전태연, 양문현, 이민운

**펴낸곳** 다산북스 **출판등록** 2005년 12월 23일 제313-2005-00277호
**주소** 경기도 파주시 회동길 357 3층
**전화** 02-702-1724 **팩스** 02-703-2219 **이메일** dasanbooks@dasanbooks.com
**홈페이지** www.dasanbooks.com **블로그** blog.naver.com/dasan_books
**종이** 신승INC **출력·인쇄** 한영문화사

**ISBN** 979-11-306-2586-7 (03320)